Erika Wisselinck
Frauen denken anders

Das fünffache Panchakalyani ist die Schönheit von Haar, Fleisch, Zähnen, Haut und Lebensalter.

Pujavaliya, 13. Jahrhundert

Eine, die die Welt um sich her begreift
und entschlossen ist, sie zu verändern,
eine, deren Klugheit die Welt hell macht
und die ein furchtloses Herz hat,
eine, die sich voll einzusetzen bereit ist,
sie
ist das neue Panchakalyani.

Monica Ruvanpathirana, 1975

Aus dem Singhalesischen

Erika Wisselinck

FRAUEN DENKEN ANDERS

Zur feministischen Diskussion
Als Einführung und zum Weiterdenken

Sophia Verlag

4. Auflage 1986
Umschlag: Evi Langenfass, Ismaning
Titelfoto: N. Stovanapas: Archaische Eule
Akropolis-Museum, Athen
Satz: Composersatz Sylvia Seyfried, München
Druck und Bindung: Fuldaer Verlagsanstalt, Fulda

Printed in Germany (Federal Republic)
Vertrieb über Frauenliteraturvertrieb
Schloßstr. 94, 6000 Frankfurt/M. 90

ISBN 3-925109-00-5

Inhaltsverzeichnis

Warum ich das aufschreibe

70 mal den gleichen Brief tippen, eine Offerte. (Schreibautomaten gab es damals noch nicht.) Ab dem 29. Brief ein Wort ausgelassen, 41 Briefe im Eimer. „Jeden Morgen eine Holzhammernarkose" sagte mein Chef, „das erfrischt das Gehirn". Er war genauso alt wie ich, war auf die gleiche Sprachenschule gegangen, hatte ein etwas schlechteres Examen gemacht. Ich tippe in Höchstgeschwindigkeit blind und beherrsche deutsche und englische Stenographie. Er konnte das alles nicht. Dafür hatte er die Exportabteilung, telefonierte den ganzen Tag in der Welt umher und verdiente doppelt so viel wie ich. Die angedrohte Holzhammernarkose wirkte: warum eigentlich er und nicht ich? fragte ich mich zum ersten Mal. Wer bin ich denn?

Meine damalige typische Frauen-Reaktion: wenn ich was werden will, muß ich *noch* mehr lernen. Also auf die Universität. Dort konnte ich zwar die theoretischen Gedankengebäude der Philosophen nachdenken und die künstlichen Kategorien der Literaturwissenschaftler zur Kenntnis nehmen, doch nichts erreichte mich wirklich. Mir schienen sie mit all ihren Denkanstrengungen einem Phantom nachzujagen, das zwar nie benannt, offenbar aber von allen für ungeheuer wichtig gehalten wurde. Was war das für ein Phantom?

Später, im neuen ‚richtigen' Beruf, als Journalistin, als Referentin in der Erwachsenenbildung und in meiner ‚Freizeitbeschäftigung' als gewählte Kommunalpolitikerin, ging es weiter. Die Probleme, die Diskussionen, die Entscheidungen – ich beobachtete die Frauen so genau wie die Männer. Ich kam zu der Erkenntnis: Frauen denken anders.

Und schließlich habe ich versucht, diese Erkenntnis aus feministischer Sicht zu beschreiben. Ich hielt dazu Vorträge und wurde oft gefragt: Wo können wir das nachlesen? Also hier jetzt!

Mir ist dabei wichtig: ich stelle keine freischwebenden theoretischen Überlegungen an, ich will vielmehr zeigen, was die ganz alltäglichen Erfahrungen, die wir als Frauen alle machen, über unser Leben im Patriarchat aussagen. Die dramatischen Formen von Gewalt gegen Frauen, Vergewaltigung, Brutalität in der Ehe, Töchtermißbrauch, sind furchtbar, sie werden, endlich, mehr und mehr öffentlich gemacht, der Mantel des Schweigens wurde weggezogen. Doch auch Frauen, die nie vergewaltigt, bedroht oder direkt massiv belästigt wurden, sind ständig Gewalt ausgesetzt, und Frauen, die vielleicht nie das Gefühl hatten, sie seien unterdrückt, sind doch ständig behindert. Die Mode, zum Beispiel, zeigt uns, wie das Patriarchat* unseren Körper haben will, die Psycho-Tests in den Frauenzeitschriften, zum Beispiel, präsentieren uns das patriarchale Bild von der weiblichen Seele, und von unserem Geist hat das Patriarchat sowieso noch nie was wissen wollen.

Während ich dies aufschreibe, denke ich an sehr unterschiedliche Frauen, das bereitet mir Schwierigkeiten. Da sind die Schwestern, die die feministische Entwicklung seit Anfang durch Freud und Leid mitgemacht haben. Da sind aber auch viele Frauen, die damit nicht so vertraut sind, vielleicht sogar massive Vorurteile haben. Die einen langweilen sich vielleicht bei manchen grundsätzlichen Feststellungen zur Frauensituation, den anderen sind vielleicht manche Bemerkungen zur feministischen Entwicklung unverständlich. Ich bitte die einen wie die anderen um Geduld. Wir haben alle eine gemeinsame Voraussetzung: unsere Existenz als Frauen in dieser Gesellschaft. Ich habe noch nie etwas von der Aufteilung in Bewegungsfrauen und andere gehalten, ich meine, alle gehören zur Frauenbewegung, die einen sind nur schon länger und dichter am Zentrum, die anderen bewegen sich – manchmal ohne es zu ahnen, zugegebenermaßen – darauf zu. Ich, zum Beispiel, habe meine feministischen Grunderfahrungen nicht in geschlossenen Frauenzirkeln gemacht, sondern im Beruf und in der Politik, die Bewußtseinserweiterung geschah dann in Frauengruppen. Ich habe mich lange und zäh mit den Ungereimtheiten patriarchalen Denkens herumgeschlagen, bis ich erkannte: das patriarchale Denken *selbst* ist krank. 1981 übersetzte ich schließlich Mary Dalys „Gyn/Ökologie", und damit war es dann vollends um mich geschehen.

Das hatte natürlich Folgen. Über 20 Jahre hatte ich journalistisch an aktuellen Frauenthemen gearbeitet (sieben Jahre lang machte ich einen Frauenpressedienst), doch seit zwei, drei Jahren habe ich mich aus dem Tag-zu-Tag-Journalismus zurückgezogen (denn was sie mag, das darf sie nicht, und was sie darf, das mag sie nicht). Ich versuchte, an größeren Zusammenhängen zu arbeiten, – das entspricht auch der altersbedingt zunehmenden Weisheit, die mit wachsendem Widerwillen gegen Streß-Situationen gepaart ist. (Wenn dies Buch kein Streß ist, dann weiß ich nicht, und ob ein Selbstverlag, auch wenn er Sophia heißt, für Weisheit spricht??)

Eine zweite Schwierigkeit beim Schreiben: ständig mischten sich in meine Gedankengänge jene Argumente, die ich nach vielen Vorträgen und in ungezählten Diskussionen immer wieder gehört hatte. Um sie erstmal vom

* unter Patriarchat, patriarchal verstehe ich die seit Jahrhunderten bestehenden, einzig von Männern bestimmten Denkformen, und die daraus resultierenden Einstellungen, Handlungsweisen, Herrschaftsformen.

Hals zu haben, habe ich sie an den Schluß verbannt, und dann ein Extra-Kapitel mit den gängigsten Einwänden gegen das Neue Frauendenken und Entgegnungsversuchen dazu angehängt. Als praktische Handreichung sozusagen.

Was wünsche ich diesem Buch? Es soll Frauen anregen, in ihrem alltäglichen Leben, bei allem, was ihnen widerfährt, in allen Informationen von denen sie erreicht werden, die patriarchalen Strukturen zu durchschauen, – im Beruf, auf der Straße, wenn sie mit Menschen reden oder in Streit geraten, wenn sie Kinder ermahnen, Zeitung lesen, vorm Fernseher sitzen, Radio hören. Durchschauen, damit jede an ihrem Platz anfangen kann, dagegen anzugehen, und keine sich mehr einschüchtern läßt.

Das Buch will zeigen, daß Feminismus keine abgehobene Theorie ist, sondern aus unseren alltäglichen Lebensbedingungen als Frauen ganz folgerichtig erwächst. Der Unterschied zwischen Theorie und Praxis ist sowieso nur mit patriarchalen Denkkategorien herstellbar. Theorie kommt von griechisch *theorein* = sehen, und Praxis von *prattein* = handeln – kann ich handeln ohne genau hinzuschauen? (Im Patriarchat macht mann das allerdings weitgehend so!)

Das Buch ist als Einführung und als Anregung zum Weiterdenken gedacht. Vor allem, so hoffe ich, kann es zeigen, was wir Frauen den uns bedrängenden, einengenden und vor allem gemeingefährlichen patriarchalen Strukturen an Neuem, an Anderem, an Eigenem entgegensetzen können.
Gute Reise!

Unser Weg am Rande des Abgrunds

Es fing eigentlich bei jeder von uns ähnlich an. Irgendwann merkten sie – merktest du, merkte ich – merkten wir, daß mit uns anders umgegangen wurde: wir wurden den Männern (Kollegen, Mitschülern, Sportkameraden, Genossen, Brüdern, Vettern etc. etc.) gegenüber benachteiligt, oder wir wurden sehr handgreiflich oder auch nur sehr verschleiert diskriminiert, oder wir erlebten brutale (oder sanfte) Gewalt, oder wir hatten auch nur das unbestimmte Gefühl, aus irgendwelchen uns nicht greifbaren Gründen als „anders", als weniger Mensch, angesehen zu werden – und schließlich fragten wir uns alle das Gleiche: *sind* wir etwa anders?

Drei feministische Erkenntnisstufen

Wir fragten: wer sind wir eigentlich – wir Frauen? Diese Frage war der *erste Schritt.* Die gängige Einordnung (das schöne Geschlecht, das schwache Geschlecht, das verführerische Geschlecht, die Ergänzung des Mannes, die Gehilfin des Mannes, die Garantin für den Bestand des Volkes etc. etc.) mißfiel uns, doch wenn wir mehr und anderes wissen wollten, gähnte uns die große Leere entgegen. Wollten wir die Sache wissenschaftlich angehen, so suchten wir unter F in den Archiven vergebens. Wir fanden nichts über unsere tatsächliche Lebenssituation, nichts über unsere Geschichte. Wir erkannten, daß wir uns alles selbst erarbeiten müssen, und das gegen massive Widerstände, wie wir bald merkten. Studentinnen, die auf unterschiedlichen Gebieten fachbezogen Frauenthemen bearbeiten wollen, können davon ein Lied singen. Avancierte Wissenschaftlerinnen, die ein Frauenthema zum Zentrum ihrer Forschung machen, bekommen so viele Steine in den Weg gelegt, daß sie entweder freiwillig die Uni verlassen oder sich auf mehr oder weniger elegante Weise kaltgestellt sehen.

Wir finden nicht nur nichts unter F, wir finden auch unter allen anderen Buchstaben nichts. Unter H wie Hexe suchen wir in renommierten Standardwerken bis heute vergebens. Der „Große Ploetz" zum Beispiel, das bekannteste historische Handbuch und als Nachschlagewerk auch bei interessierten Laien beliebt, wurde 1980 „von 65 Fachwissenschaftlern neu bearbeitet", Werbung: „Mehr Daten zur Wirtschafts- und Sozialgeschichte!" Diese Neuausgabe bringt auf 2296 Seiten kein einziges Wort über Hexenprozesse, obgleich zur Zeit der Neubearbeitung die Frauenforschung bereits viel über diese von der männlichen Geschichtsschreibung verschwiegenen Frauenverfolgungen ausgegraben und veröffentlicht hatte. Und unter I wie Inquisition finden wir im Stichwortverzeichnis zwar Hinweise auf Mauren, Juden, Protestanten, aber keinen Hinweis auf Hexen ...

Ich befragte dazu den für Disposition und Gliederung der Epoche ‚Frühe Neuzeit' verantwortlichen Professor Johannes Kunisch, Direktor am Historischen Seminar der Universität zu Köln. Er meinte, dies sei kein bewußter Prozeß des Verschweigenwollens. Der Historiker müsse danach gehen, ob ein Ereignis „epochenspezifisch" sei. Mord, Todschlag, Gefängnisse und Verbrechen habe es immer gegeben, das bedürfe keiner besonderen Erwähnung. Überdies würden über Randphänomene ja Spezialforschungen betrieben, beispielsweise über die Eßgewohnheiten der sozialen Schichten, auch über Verbrechen gerade in der Frühen Neuzeit, oder über Randgruppen wie Gammler, Gauner, Aussteiger im weitesten Sinne ... Die Hexen also eine Randgruppe, und die Verbrechen an ihnen „normale" Kriminalität? Dreihundert Jahre Verfolgung und Ausrottung, Millionen Opfer – kein Thema für die Geschichtsschreibung? (Professor Kunisch ist übrigens keine Ausnahme, sondern befindet sich im Einklang mit seinen Historikerkollegen, wie ich am Beispiel anderer renommierter Standardwerke nachweisen konnte.)

Hier wird also ganz offen bestätigt, was wir zunächst nicht glauben wollten. Denn – im Vertrauen auf die Objektivität von Wissenschaft und Geschichtsschreibung, von der man uns ständig erzählt, meinen wir anfangs, wir hätten nicht genau genug recherchiert. Doch dann merken wir: wenn wir zu einem Thema, das mit Frauen zu tun hat – wie hier zu Hexen – nichts finden, dann ist das nicht die Ausnahme, sondern die Regel. *Das war unser zweiter Erkenntnisschritt.* Die Wissenschaft geht – genau wie die Politik, die Wirtschaft, die Religion – „vom Menschen aus", doch dieser Mensch ist stets nur der Mann. Erfahren wir etwas über Frauen, so nur über das vom Patriarchat hergestellte Wunschbild von Feminität. Wie dieses Wunschbild aussieht, sagte der Papst in seinem Wort zum Jahr der Frau 1975: „Wir wünschen einen Fortschritt für die Funktion der Frau in Beruf und Gesellschaft, jedoch muß die Würde und die Mission der Frau gewahrt bleiben. Gott hat sie zur empfindsamen Tochter, zur starken und reinen Jungfrau, zur liebenden Ehefrau und besonders zur heiligen und würdevollen Mutter und schließlich zur frommen arbeitsamen Witwe bestimmt."

Weil uns genau diese Art von Definition zu eng war, hatten wir uns auf den Weg gemacht. Wir wußten gegen alle patriarchale Festlegung: Frauen waren immer viel mehr und immer etwas ganz anderes. Wir suchen weiter und entdecken schließlich – und *das ist unser dritter Erkenntnisschritt* –:

nicht nur, was Mann uns über Frau erzählt, muß hinterfragt werden, sondern *alles*, was Mann uns erzählt, muß angezweifelt werden. Uns geht *die große Lüge des Patriarchats* auf, und diese Erkenntnis bestimmt dann unsere Methode:

Forschen heißt dann für uns etwas ganz anderes als in der patriarchalen Wissenschaft. Heißt nicht – wie es in den Geisteswissenschaften betrieben wird – das Neu-Zusammensetzen bereits bekannter Details und Tatsachen zu immer neuen Mustern, – ein steriles Glasperlenspiel. Auch nicht der in den Naturwissenschaften betriebene Detailfetischismus: mit immer ausgefeilteren technischen Methoden immer winzigere Einzelheiten entdecken und dabei den Bezug zum Ganzen verlieren. Heißt nicht, daß wir dazu akademische Grade brauchen, sondern daß es jede von uns kann.

Wie die Detektivinnen ...

Forschen heißt für uns: wir müssen, *was ist,* mit ganz neuen Augen ansehen, aus unserer existentiellen Betroffenheit heraus. Wir lassen auch den scheinbar alltäglichsten, scheinbar selbstverständlichsten Vorgang nicht außer acht. Wie gewiefte Detektivinnen leuchten wir in die Ritzen patriarchaler Sprache und Methoden, durchleuchten patriarchale Bilder. Wir nehmen patriarchale Handlungsweisen auseinander, und wir finden dort überall, verdeckt oder offen, – häufig mehr als offen, nämlich aggressiv-brutal, wenn wir erstmal darauf achten, – Frauenfeindlichkeit (hinter der sich dann eigentlich immer Lebensfeindlichkeit verbirgt).

Wir decken diese Frauenfeindlichkeit auf: beschreiben sie in Biographien und Gedichten, bearbeiten sie in Science Fiction, Fantasy und Satire, durchleuchten die geistesgeschichtlichen und psychologischen Hintergründe, erkennen Gewalt auf allen Ebenen, von der brutalsten körperlichen über unzählige Zwischenstufen bis zur scheinbar ‚sanften' strukturellen Gewalt.

Ich greife hier den Aspekt Geschichte des (so hochgelobten) abendländischen Denkens auf, und lade zu einer Blitzreise durch zweieinhalbtausend Jahre abendländische Kultur ein.

Der „Geist des Abendlandes": Frauenverachtung

Geistesgeschichte des Abendlandes beginnt bei den Griechen (nicht bei den Griechinnen!). In großen Amazonensprüngen müssen wir zweieinhalbtausend Jahre durchmessen – ich mache nur bei den wichtigsten Repräsentanten halt (und kann mich dafür verbürgen, daß ihre Schüler und Nachbeter genauso dachten).

Der Grieche Aristoteles (384 – 322 v. Chr.) hielt die Frau für einen „mißglückten Mann", ein defektes Wesen. Eigentlich wolle die Natur nur *vollkommene* Menschen, also nur Männer hervorbringen, meinte er (und darüber, wie dann wohl die Fortpflanzung vor sich gehen solle, machte er sich wohl keine Gedanken), – doch bei widrigen Zufällen – zum Beispiel feuchte Südwinde mit vielen Niederschlägen, wodurch Wesen mit höherem Wassergehalt entstehen – kommen dann eben auch Frauen zur Welt. Im Lexikon wird Aristoteles als „größter Gelehrter und einziger systematischer Philosoph des Altertums, Begründer der Logik" bezeichnet.

Für die junge christliche Kirche spricht der Kirchenschriftsteller Tertullian (um 200 n. Chr.): „Weib, du bist die Pforte zur Hölle. Du sollst stets in Trauerkleidung und mit Fetzen bekleidet sein, deine Augen gefüllt mit Reuetränen, um die Männer vergessen zu machen, daß du die Zerstörerin des Menschengeschlechts bist."

Für Kirchenvater Augustin (354 – 430 n. Chr.) waren Frauen nur zu einem gut, nämlich zum Kindergebären: „Wenn die Frau nicht zur Hilfe des Kindergebärens dem Mann gegeben ist, zu welcher Hilfe dann? Etwa, damit sie zusammen die Erde bearbeiten? Wenn dazu eine Hilfe notwendig gewesen wäre, so wäre der Mann dem Mann eine bessere Hilfe. Das gleiche gilt vom Trost in der Einsamkeit. Wieviel angenehmer für das Leben und Gespräch ist es doch, wenn zwei Freunde zusammen wohnen, als wenn Mann und Frau beieinander wohnen!" Das Gebäude der christlichen Kirche ist auf Frauenverachtung und Angst vor den Frauen aufgebaut. Per feminam venenum, per Christum salus – durch die Frau kam das Gift, durch Christus das Heil – war das Motto der Christenmänner der ersten Jahrhunderte ...

Mittelalter, christliches: Albertus Magnus, Albert der Große (1193 – 1280) führte unter anderem die verschrobene Biologie des Aristoteles in die Theologie ein. Er wurde zum doctor universalis ernannt, heiliggesprochen und bekam 1941 vom Papst den Titel „Patron der Naturwissenschaften" verliehen.

Sein großer Schüler war Thomas von Aquin (1226 – 1274). Er übernahm die Aristotelische Biologie, einschließlich dessen Theorie mit den Südwinden, und bezeichnete daher die Frau als „aliquid deficiens et occasionatum" (etwas Mangelhaftes und Zufälliges). Außerdem entwickelte er mit der Lehre von den Incubi und Succubi – teuflische Geister, die den Menschen angeblich sexuell beiwohnten – ein System der Dämonologie, mit dem er den späteren Hexenverfolgungen geistig den Weg bereitete: alle mit den Verfolgungen befaßten Theologen und Juristen kommender Jahrhunderte berufen sich auf ihn. In dem 1487 erschienenen, von zwei Dominikanern verfaßten Buch „Der Hexenhammer", das, vom Papst abgesegnet, zur offiziellen Verfahrensvorschrift für die Hexenprozesse wurde, ist Thomas von Aquin mit Abstand am häufigsten, nämlich 92 mal, und Kirchenvater Augustin am zweithäufigsten, nämlich 77 mal, zitiert. Im Lexikon ist Thomas als bedeutendster Theologe der katholischen Kirche, Doctor angelicus, heiliggesprochen, aufgeführt, dort heißt es über ihn: „... baute aus einigen Grundvoraussetzungen des Glaubens und der Vernunft ein großartiges System, das die scheinbaren Widersprüche Glauben und Wissen von innen her lösen will."

Sollte jemand einwenden, es habe ja neben dieser aristotelisch geprägten Scholastik noch die Mystik gegeben, von der doch andere Auffassungen zu erhoffen seien, so harrt an diesem Punkt herbe Enttäuschung. Der große Mystiker Meister Eckhardt (1260 – 1327) schrieb ganz in Übereinstimmung mit Aristoteles und Thomas: „Darumbe wolte din natûre allezît würken einen sun, enhête si niht hindernüsse. Es kumet vor ungelüke, sô ez ein tochter wirt; ez si der nature liep oder leit, sie wil allewege erwürken einen sun." Im Lexikon steht: „... lehrt, daß sich Gott in der Natur individualisiert."

Reformationszeit: Die Protestanten waren nicht etwa liberaler in Sachen Hexenverfolgungen, sondern zeigten in manchen Gegenden sogar noch größere Härte, um zu beweisen, daß sie nicht weniger glaubensstreng seien, als ihre katholischen Brüder. Oft werden die Hexenverfolgungen ins „finstere Mittelalter" datiert, – tatsächlich begannen sie systematisch und in voller Schärfe genau mit Beginn der Frühen Neuzeit, also jenem Zeitalter, in dem laut historischen Werken die „Autonomisierung der Vernunft" begann, und das als die strahlende Epoche von Humanismus und Renaissance beschrieben wird: „(Renaissance und Humanismus) stehen für einen Wandlungsprozeß, in dem das Individuum im Zusammenspiel von Wiederentdeckung der klassischen Antike und neuerer künstlerischer wie wissenschaftlicher Naturerfahrung sich aus der Gebundenheit des hierarchisch christlichen Denkens des Mittelalters zu lösen beginnt, seinen Eigenwert als irdische und historische Persönlichkeit erkennt und ihm Ausdruck verleiht", lesen wir im Großen Ploetz, Neuausgabe 1980, Einleitung zum Kapitel Frühe Neuzeit. Welches Individuum entdeckte hier seinen Eigenwert als irdische und historische Persönlichkeit? Die Frauen, von denen Millionen, unschuldig, in dreihundert Jahren als Hexen verfolgt und getötet wurden?

Das Zeitalter von Renaissance und Humanismus war auch das Zeitalter der Reformation. Als 1540 in Wittenberg vier Hexen verbrannt wurden, kommentierte Luther, Hexen sollten auch dann verbrannt werden, wenn sie keinen Schaden anrichteten, und zwar nur deswegen, weil sie mit dem Teufel paktierten. Auch sonst hatte Luther durchaus keine segensreichen Ansichten über Frauen. Das von ihm geforderte Auflösen der Klöster, oft als Befreiungstat gepriesen – und für Luther selbst war das Ablegen der Mönchskutte sicher ein Akt der Befreiung – ist bei den Frauenkonventen anders zu sehen. Sie waren der einzige Ort, wo Frauen geistigen Dingen nachgehen und sich dem „normalen" Frauenleben mit Kinderkriegen und harter körperlicher Arbeit entziehen konnten. Luther wurmte es, daß hier Frauen ihrer ‚wahren Bestimmung' nicht nachkamen. Er meinte: „Denn eyn weibs bild ist nicht geschaffen, jungfrau tzu seyn, sondern Kinder zu tragen ... ob sie sich aber auch müde und zuletzt todt tragen, das schadt nicht, laß nur todt tragen, sie sind darum da."

Der Reformator äußerte sich häufig zum Thema Frau. Zum Beispiel: „Man kann mit einer jungen Metze nicht besser verfahren, man mache ihr ein Kind, so vergehen ihr die vielen Gedanken, denn die Weiber, die stillende Kinder haben, sind die fröhlichsten Frauen." Oder: „Wenn Frauen über Politik reden, reden sie so wirr und läppisch, daß nichts darüber geht. Daraus ersiehst du, daß das Weib für das Hauswesen, der Mann aber für Politik, Kriege und Rechtshändel geschaffen ist." Oder: „Frauen steht besser an, daß sie stammeln und nicht gut reden können, das ziert sie besser." Oder: „Unkraut wächst schnell, darum wachsen Mädchen schneller als Jungen." Undsoweiter ad infinitum ... Derartige Ansichten über Frauen hatte der Gründer einer Kirche, die den Zölibat abschaffte; er legte damit den Grund zu über Jahrhunderte hinweg tradierten Auffassungen von Frau und Familie.

Im Verlauf der Frühen Neuzeit übernahmen dann die sich entwickelnden weltlichen Wissenschaften auch die Rolle der Frauenhasser und Gewaltanstifter. Jean Bodin beispielsweise, französischer Staatsphilosoph, der die Theorie des neuen absolutistischen Staates entwickelte und insofern der einflußreichste Denker seiner Zeit war, schrieb zugleich die brutalste und von Frauenhaß triefende Schrift zur Hexenverfolgung: „Traité de la Démonomanie des Sorciers", 1580 in Paris erschienen, hundert Jahre nach dem Hexenhammer. Im Lexikon wird Bodin als „Vorkämpfer der Toleranz" bezeichnet.

Großer Sprung ins 19. Jahrhundert: Hier waren die Verkünder von Frauenhaß und Frauenverachtung nun unter anderem Philosophen und Dichter (Schopenhauer und Nietzsche), Naturwissenschaftler (wie der Arzt Dr. Möbius mit seinem Buch „Vom Schwachsinn des Weibes") und Psychologen (wie Otto Weininger mit „Geschlecht und Charakter", und, subtiler und darum gefährlicher, Sigmund Freud und C. G. Jung, denen ich deshalb ein eigenes Kapitel widme ...). Der französische Schriftsteller Prosper Mérimée, der 1845 die Gestalt der Carmen erfand, stellte fest: „Das Weib ist bitter wie Galle, doch gibt es zwei Gelegenheiten, wo es angenehm ist: im Bett und im Totenbett."

In unserem Jahrhundert zeigte sich Frauenverachtung besonders krass im Mütterkult der Nazis. Dafür stehen nicht nur die sattsam bekannten Hitler-Aussprüche wie: „Das Programm unserer nationalsozialistischen Frauenbewegung (enthält) eigentlich nur einen einzigen Punkt, und dieser Punkt heißt: das Kind." Und: „Einem Mann muß es möglich sein, jedem Mädchen seinen Stempel aufzudrücken." Auch die weniger bekannten

Überlegungen seiner Unterlinge sind eindeutig, wie zum Beispiel die von Reichsbauernführer Darré in seinem Buch „Neuadel aus Blut und Boden". Er ordnet die Frau in Züchtungszusammenhänge nach Muster der Viehzucht ein, nennt sie „Bluttrágerin" und „Geschlechtstier" und meint, daß Emanzipationsbestrebungen der Frau „gegen ihre eigentliche weibliche Anlage" sprächen. „Man kann in solchem Falle, falls nicht offensichtlich ungermanisches Blut der Grund ist, sagen ..., daß es mit der Drüsentätigkeit der betreffenden Frau irgendwie hapert."

Als Beispiele für Frauenverachtung heute sind unter anderem prominente Gynäkologen zu nennen. Etwa Professor Semm, Leiter der gynäkologischen Abteilung der Kieler Uni-Frauenklinik und „Vater" der Retorten-Drillinge. In einem Interview im Frühjahr 1984 sagte er: „Es ist letztlich die ureigenste Aufgabe einer Frau, ein Kind zu kriegen. Deswegen lebt eigentlich eine Frau, um die Rasse, die Art, jedenfalls den homo* sapiens oder homo erectus zu bewahren. Das ist ihre ureigenste Aufgabe, alles andere, was dazu kommt – Beruf oder sonstwas – das ist sekundär. Die Uraufgabe des Weibes ist schlechthin die Erhaltung der Rasse und Art. Wenn eine Frau dazu nicht fähig ist, dann ist eigentlich ihr ganzer Lebenszweck – vom biologischen her gesehen – unerfüllt. Demzufolge ist diese Nichtreproduktion des Weibes pathologisch, und was pathologisch ist, ist gleichzeitig krankhaft. Ganz klare Definition."

Oder Professor von Eiff von der Uni-Klinik Bonn, der – in der ZDF-Diskussion vom 16.7.1984 zum § 218 – ungewollte Schwangerschaft als Krankheit definierte und als Therapie „die Behandlung der Mutter, ein solches Leben anzunehmen" empfahl.

Oder Professor K. E. Wulf, der sich als Präsident der Deutschen Gynäkologischen Gesellschaft in seiner Eröffnungsansprache beim Gynäkologen-Kongress in München 1982 zu neuen (alten) Formen der Geburt („Für eine Geburtshilfe ohne Ideologie") äußerte. Nicht nur, daß er im allgemeinen Teil laufend von de*m* Patienten per „er" redete (zum Beispiel „der mündige, in seiner Entscheidung freie Patient unserer Zeit wünscht ... Geburtshilfe" – offenbar entbinden bei ihm nur Männer) – erst wo's konkret wird, spricht er von „unserer"** Schwangeren, und zwar sorgenvoll: „Wir beobachten mit Sorge eine verstärkte, von der Sache her nicht mehr zu vertretende Nachgiebigkeit, ja Willfährigkeit gegenüber den Wünschen unserer Schwangeren, man nennt das heute wohl auch Permissivität." Permissivität ist ein Wort aus der Fachsprache der Pädagogen und heißt so viel wie alles durchgehen lassen, ohne feste Hand und ohne feste Prinzipien erziehen. Ja, ja, die kleinen dummen Frauen, die so gebären wollen, wie sie es als richtig

* homo = Mensch im Gegensatz zu bestia (Tier); = Mann im Gegensatz zu mulier (Frau); hic homo, der Mann = Ich (aus dem lateinisch-deutschen Schulwörterbuch von Dr. K. E. Georges, Gotha)

** Achtung, besitzanzeigendes Fürwort!

empfinden, die brauchen schon eine feste Hand! (Der gesamte Redetext ist übrigens eine Fundgrube für feministische Analyse ...)

Beispiele mehr oder weniger subtiler Frauenverachtung können wir heute natürlich auch an vielen anderen Stellen finden, zum Beispiel auch bei modernen Theologen wie etwa Tillich und Barth. Und Joseph Bochenski, Dominikaner und Philosoph, der weltweit anerkannte Grundlagenwerke über Marxismus-Leninismus geschrieben hat, sagte in einem Interview anläßlich seines 80. Geburtstags im Jahre 1982: „Für mich gilt: man muß entweder der Weisheit oder einem Weibe dienen. Es ist natürlich schwierig, aber wenn sich ein Mann seinen geistigen Funktionen widmen will, so ist es besser, wenn er kein Weib auf dem Rücken hat.“ (Wer ihn wohl sein Leben lang bekocht hat?) All diese Männer stehen jedoch in einer ‚ehrwürdigen‘ Tradition, können sich auf berühmte Vordenker in der Geschichte des Abendlandes berufen.

Was ist das für eine Kultur?

Es ist an sich schon schlimm genug, daß jene abendländischen „Geistesgrößen“ von Frauenhaß und Frauenverachtung erfüllt waren. Der eigentliche Skandal ist jedoch, daß sie *bis heute* ohne Einschränkung als geistige Größen gefeiert und kritiklos an den Universitäten gelehrt werden. Vor dreißig Jahren hörte ich im Rahmen meines Philosophiestudiums an der Universität München Vorlesungen über Thomas von Aquin, nahm auch an einem Seminar über ihn teil. Erst seit drei Jahren weiß ich – durch die Frauenforschung – welche Rolle er als geistiger Wegbereiter der Hexenverfolgungen gespielt hat. Es ist so, als würde man über Hitler sprechen, ohne die Judenverfolgungen zu erwähnen.

Wir kennen ebensowenig die Namen der einzelnen Folterknechte, die die Hexen zu Tode brachten, wie die der einzelnen Vergewaltiger oder prügelnder Ehemänner heute. Wir können aber die Schreibtischtäter benennen, die als anerkannte Geistesgrößen über 2000 Jahre lang ungeschoren ihre jeweils zeitentsprechenden frauenfeindlichen Theorien entwickeln und verkünden konnten, und die so ein geistig-kulturelles Klima schufen, in dem Gewalt gegen Frauen, Frauenhaß und Frauenverachtung allerhöchstens als Kavaliersdelikt, meist jedoch als „normales“ männliches Verhalten betrachtet wird.

Wir können diese Schreibtischtäter sogar betrachten: in Stein gehauen, auf Marmorsockeln, prangen sie in den Hallen unserer Universitäten und Bibliotheken, machen sie sich in Parks breit, zieren sie als Büste so manche männliche Studierstube – so wie sie als historische Gespenster in vielen Hirnen wohnen.

Weit über zwei Jahrtausende hindurch erklangen aus den Reihen der einen Hälfte der Menschheit ständig, in wechselndem Gewande, Parolen, die die andere Hälfte der Menschheit diffamieren, diskriminieren, und zu – direkter oder indirekter – Gewalt gegen sie auffordern, und jene Männer, die noch heute als entscheidende Wegbereiter der abendländischen Kultur gefeiert werden, waren die Sprachrohre. Was ist das für eine Kultur?

Das Weltbild hat sich in dieser Zeit grundlegend gewandelt: die Erde wurde von der Scheibe zur Kugel, nicht die Sonne dreht sich um sie, sondern die Erde um die Sonne, alle Grundlagen für Naturwissenschaft und Technik wandelten sich radikal – nur der Frauenhaß, die Frauenverachtung blieben unverändert. Was ist das für eine Kultur?

Kann das unsere Kultur sein?

Hinweise und Quellen:

Zu Historiker-Auffassung: das Interview mit Prof. Kunisch kam in vollem Wortlaut in der von mir hergestellten Sendung „HEXEN – Warum wir so wenig von ihnen erfahren, und warum das meiste davon auch noch falsch ist" im 1. Programm des Bayerischen Rundfunks am 13.2.1983. Der volle Text wurde in der Zeitschrift „gehört – gelesen – die besten Sendungen des Bayerischen Rundfunks", Heft April 1983, abgedruckt (erscheint im Ehrenwirth-Verlag, München). Dort sind auch Zitate aus anderen historischen Werken analysiert.

Aristoteles, Augustin, Albertus Magnus: zitiert nach Prof. Uta Ranke-Heinemann: „Gott – wie der Mann ihn schuf?" Vortrag gehalten auf der 23. Steirischen Akademie, abgedruckt im Protokoll, herausgegeben von Dieter Cwienk und Anton Weiss, Graz 1983.

Per feminam venenum ... zitiert nach Heiler: Die Frau in den Religionen der Menschheit, de Gruyter, Berlin, 1977.

Thomas von Aquin, vgl. Jakob Sprenger/Heinrich Institoris: „Der Hexenhammer". Lat. Ausgabe 1487, 1. deutsche Übersetzung 1906, 1982 als dtv-Taschenbuch Nr. 6121.

Luther: Zitat Hexen nach Becker, Bovenschen, et. al.: Aus der Zeit der Verzweiflung. Zur Genese und Aktualität des Hexenbildes. Edition Suhrkamp Band 840, 1977.
Zitat „todt tragen" nach Anke Wolf-Graaf Die verborgene Geschichte der Frauenarbeit, Beltz-Verlag, 1983.
alle weiteren Luther-Zitate nach Husumer Frauenkalender, 1984.

Meister Eckhardt: Predigten XLIV 131, 2-5

Quellen für Nazi-Zitate: Joachim C. Fest: Das Gesicht des Dritten Reiches, Verlag Piper, und Hermann Glaser: Spießer-Ideologie. Von der Zerstörung des deutschen Geistes im 19. und 20. Jahrhundert. Rombach-Verlag.

Professor Semm: zitiert nach DIE ZEIT, 30.3.1984

Professor K. E. Wulf: zitiert nach Original-Redemanuskript

Prosper Mérimée: zitiert nach BRIGITTE, Heft 18/84, S. 97

Joseph Bochenski: zitiert nach einem Interview in der Sonntagsbeilage einer Schweizer Tageszeitung. (Wenn Frauen, die meine detektivische Leidenschaft kennen, mir Fotokopien von Zeitungsartikeln schicken und die genaue Quellenangabe vergessen, wer bin ich, sie zu reglementieren?)

Alle Lexikon-Zitate aus dem populären Handlexikon: KNAURS LEXIKON, einbändig.

Jede Frau ist Feministin

Einige meinen, die Neue Frauenbewegung sei schon wieder am Ende. Projekte aus den Anfängen vor 10 bis 15 Jahren stagnieren, geben auf. Andere meinen, die Neue Frauenbewegung fängt erst richtig an, sie können auf viele neue Entwicklungen verweisen. Die unterschiedliche Beurteilung hängt wohl damit zusammen, was wir unter Frauenbewegung verstehen, wie eng oder wie weit wir diesen Begriff nehmen. Auf jeden Fall leben wir in Veränderungsstimmung, alles ist im Fluß. Ich versuche hier eine Bestandsaufnahme.

Was wir alles tun

Der politische Feminismus – und da stocke ich schon. Denn nach meinem – und vieler Frauen – Verständnis von ‚politisch' ist jede Art von Bewegung von Frauen, die hergebrachte weibliche Lebensformen überwinden will, politisch. (Wenn wir etwas aus 1968 gelernt haben, dann den Satz: das Private ist das Politische ...)

Also präziser: sozialistische Feministinnen sehen die Frauenfrage als Nebenwiderspruch zum Hauptwiderspruch zwischen Kapital und Arbeit. Ist dieser Hauptwiderspruch gelöst, so löst sich damit auch die Frauenfrage, meinen sie.

Radikalfeministinnen hingegen sehen die Unterdrückung der Frauen durch das Patriarchat und damit die Unterdrückung alles ‚Anderen' (vgl. Simone de Beauvoir), also der Natur, der Kinder, der Alten, alles Machtlosen, als den Hauptwiderspruch, aus dem alle anderen Unterdrückungsmechanismen hervorgehen. Der Kapitalismus ist dann nur *eine* Erscheinungsform von weltumspannendem patriarchalem Denken und Handeln.

Wir Feministinnen mit diesem Ausgangspunkt arbeiten unterschiedlich, denn: *Frauen sind nicht eine gesellschaftliche Gruppe unter anderen gesellschaftlichen Gruppen – Frauen sind die Hälfte der Menschheit.* Insofern ist es ganz natürlich, daß Feministinnen je nach ihrer Lebenserfahrung und Lebenssituation unterschiedlich ansetzen.

Die mehr soziologisch ausgerichteten Feministinnen sehen die Hauptwurzel des Übels in der geschlechtsspezifischen Arbeitsteilung (welch Wortungetüm!), also darin, daß den Männern die produktiven, den Frauen die reproduktiven Arbeiten in der Gesellschaft zugewiesen werden (was natürlich zugleich bedeutet: die gutbezahlten Tätigkeiten den Männern, die unterbezahlten oder unbezahlten den Frauen, die Aufstiegschancen den Männern, die Hilfsdienste ohne Entwicklungsmöglichkeit den Frauen.)

Andere Feministinnen legen den Schwerpunkt auf Körperlichkeit und Sexualität und die aus der männlichen Sexualität erwachsende Gewalt gegen Frauen: Vergewaltigungen, Gewalt in der Ehe, strukturelle Gewalt gegenüber dem weiblichen Körper, beispielsweise in Werbung oder Magazintiteln und wo wir gehen und stehen.

Als wir unseren Körper aus unserer eigenen Sicht erforschten und entdeckten (und uns damit von der uns Frauen aufgezwungenen männlichen Sicht von Feminität lösten), wurde für eine Gruppe von Feministinnen die Gebärfähigkeit – da sie das Einzige ist, was wirklich nur uns gehört – zum wichtigsten Faktor der Selbstbestätigung. Sie bekommen Kinder und ziehen sie – oft allein oder zusammen mit anderen Frauen – auf und gewinnen ihr Selbst- und Lebensgefühl aus einem bewußt gestalteten engen Zusammenleben mit ihnen, vor allem mit ihren Töchtern. Sie erfüllen dabei teilweise im Übermaß das, was von konservativer Seite von Frauen erwartet wird, tun dies jedoch aus einem inhaltlich völlig anderen Selbstverständnis heraus.

Doch *alle* Feministinnen (nicht nur jene, die die Wiederentdeckung unseres Körpers in Gebärmacht und neue Mütterlichkeit umsetzen) – alle Feministinnen, gleich in welcher Richtung sie arbeiten (und so präzise ist das alles in der Praxis sowieso nicht zu trennen) haben ein neues Verhältnis zu unserem Körper und eine veränderte Einstellung zu Gesundheit und Medizin gemeinsam. Alles, was unseren Körper in eine von den Männern entworfene Vorstellung von ‚Weiblichkeit' zwängen oder uns auf ‚sexy' trimmen will, lehnen wir ab.

An allen Ecken und Enden mußten wir neu anfangen:

Einige Feministinnen arbeiten an der Entdeckung unserer Geschichte, die in der herkömmlichen Geschichtsschreibung ausgelassen wurde. Erstaunliche Ergebnisse sind bereits erzielt, noch viel mehr Verblüffendes ist zu erwarten.

Einige Feministinnen untersuchen, was die christliche Lehre uns angetan hat, was sie dazu beitrug, das Bild von der Frau zu verformen.

Andere Feministinnen wollen mit diesen patriarchalen Geschichten nichts mehr zu tun haben und forschen in den Zeiten davor, versuchen zu entdecken, wie unsere Vormütter in matriarchalen Zeiten lebten und dachten und was uns das heute sagen, wie uns das helfen kann.

Neue Formen des Erfahrens von Realität werden ausprobiert: Meditation, Trancen, Tarot, Frauenastrologie, Hexenreligion (wie die WICCA in den USA), Traumarbeit. Dies läuft unter dem Begriff ‚Spiritualität' (der seine Fußangeln hat, darüber später).

Alle Richtungen und Arbeitsfelder (und es gibt natürlich noch viel mehr) haben nach wie vor ihre Berechtigung, nichts davon ist bisher überholt und überflüssig. Denn wir leben auf einer Erde, in einer Gesellschaft, in der jene Bedingungen, gegen die Frauen da auf unterschiedliche Weise angehen, nach wie vor herrschen, teilweise *sogar verstärkt* herrschen. Uns Frauen werden nach wie vor und mit der Arbeitslosigkeit verstärkt die minderen Arbeiten angeboten (wenn wir nicht ganz rausgeschmissen werden). Uns Frauen wird nach wie vor und mit der politischen Wende sogar verstärkt ein patriarchal bestimmtes Bild von Mütterlichkeit empfohlen. Wir Frauen werden nach wie vor und mit der allgemein zunehmenden gesellschaftlichen Brutalität sogar verstärkt, vergewaltigt, getötet, verstümmelt. Die Kirchen haben ihre Einstellung zur Weiblichkeit kaum geändert, männliche Forschung verweist die Existenz weiblich bestimmter Gesellschaften nach wie vor ins Reich der Fabel. Und das von Mikrochips bestimmte Denken, alles sei machbar, braucht dringender denn je ein Gegengewicht, ein Korrektiv.

Und viele Frauen, die noch außerhalb des Feminismus (und vielleicht auch unter dem Eindruck der massiven verleumderischen Gegenpropaganda, Feministinnen seien ein haßerfüllter geifernder Haufen frustrierter, des Denkens unfähiger Weiber) stehen, die jedoch das klare Gefühl haben, irgend etwas ist ganz und gar faul, – werden vielleicht eben von einer dieser Richtungen ganz direkt angesprochen, weil diese genau in ihre Gedanken, in ihre Lebenssituation trifft – und das kann dann der Funke sein, von dem her die Zündschnur sich in Brand setzt.

Wo stehen wir heute?

Etwas allerdings, was vielleicht noch vor zehn Jahren ging – da waren wir alle noch, von den neuen Erkenntnissen überwältigt, sehr verunsichert – geht heute, im Jahre 1984 und folgenden, nicht mehr, dazu haben wir uns inzwischen zuviel Einsicht erarbeitet: es geht meiner Meinung nach nicht mehr, daß zum Beispiel eine von der soziologischen Sichtweise her kommende Frau meditative Ansätze für absurd und wirklichkeitsfern erklärt (leider gibt es dafür Beispiele) oder daß eine in feministischer Spiritualität lebende Frau alle gesellschaftlichen Anstrengungen für ganz und gar uninteressant hält (auch das gibt es).

Ich sehe das so: Frauenbewegung ist keine Bewegung im herkömmlichen Sinne, ist also keine Bewegung, die sich in einer Ideologie, die sich mit Programmen und Leitsätzen formulieren ließe. Das geht immer nur punktuell am jeweils konkreten Anlaß. Doch generell? Zu umfassend und elementar ist unsere Unterdrückung, zu vielfältig sind die Formen, in denen sie sich ausdrückt: wir sind eben die Hälfte der Menschheit, niemand kommt darum herum. Frauenbewegung sehe ich vielmehr als eine Bewegung *in* Frauen: Frauen werden durch Erfahrung, durch Nachdenken, durch Beispiele bewegt, selbst etwas zu bewegen. (Daß dazu natürlich Gemeinsamkeit, Schwesterlichkeit, Solidarität gehört versteht sich von selbst.)

Ich sehe die Frauenbewegung als ein großes Netz, an dem alle an ihrer Stelle weben, ohne Exklusivität. Und wenn einige von uns meinen, wir seien schon ‚weiter' (ich neige manchmal dazu und stehe damit, wie ich weiß, nicht allein), dann sollten wir bedenken, daß die Begriffe ‚weiter' und – entsprechend – ‚zurück' (und zurückgeblieben) zum linearen Denken gehören. Benutzen wir sie, so gehen wir dabei von einer Linie aus, die nach vorn geht (und auf der einige schon ‚weiter vorn' und andere noch ‚weit hinten' sind) und genau das ist das verhängnisvolle Muster patriarchalen Denkens: eine Linie, die ins Nirgendwo führt. (Denn alles was linear geradeaus geht, muß, da wir auf einer Kugel leben und da wir sterblich sind, ins Nirgendwo führen ...)

Wir Frauen setzen diesem linearen Muster zyklisches Denken entgegen – und wir müssen viel geistige Anstrengung aufwenden, um in unserem Alltag nicht immer wieder in patriarchale Denkweisen zu verfallen. Und eine mindestens ebenso große Anstrengung müssen wir leisten, um uns immer wieder zu vergegenwärtigen, was zyklisches Denken eigentlich heißen könnte, denn es ist uns ungewohnt. Das ist kein Wunder, denn wir sind schließlich in patriarchalen Denkformen erzogen, haben in der Schule nichts anderes gehört, erleben heute um uns herum kaum anderes. Schließlich besteht der Hauptstrom unserer Kultur seit tausenden von Jahren in diesen Denkformen (und herrlich weit haben sie's gebracht), schließlich müssen wir ganz neu anfangen, um diese anderen (neuen und zugleich alten) Denkformen zu entwickeln. Große geistige Anstrengungen also – doch sie sind kreativ und ungemein befreiend!

Wie ein Netz, sagte ich: einige fangen hier, andere dort am Außenrand zu weben an, einige ziehen die Verbindungsfäden von außen ins Zentrum, andere stellen Querverbindungen zwischen diesen Verbindungsfäden her, manche sitzen meditierend an Energiepunkten in diesem Netz, andere umkreisen ideensprühend das Zentrum. (Und keine, natürlich, muß zeitlebens immer das Gleiche tun!)

Erst wenn wir die Arbeit *aller* Weberinnen innerlich anerkennen, werden wir allein schon aus der Vorstellung dieses von Energie pulsierenden Netzes ungeheuer viel Kraft schöpfen können. An *einem* Punkt allerdings müssen wir unnachgiebig sein – ich jedenfalls bin an diesem Punkt radikal unversöhnlich: wenn sich nämlich patriarchale Denkformen in feministisches Gewand kleiden. Unsere ganze Wachsamkeit, unsere ganze unterscheidende Kraft ist notwendig, dies zu erkennen und sofort zurückzuweisen. Denn mehr als alles direkte patriarchale Denken kann uns ein Denken, das als Feminismus verkleidet daherkommt, jedoch strukturell patriarchal ist, unsere Kraft rauben.

Das ist wie das trojanische Pferd (jenes Holzpferd, das die listigen Griechen den ob der Friedensgeste erfreuten Trojanern schenkten und aus dem sie nächtens bis an die Zähne bewaffnet herausschlichen und alle niedermetzelten ...) – auf uns gemünzt: wir sind jetzt mit unserem Bewußtsein so weit, daß wir die zerstörerischen Kräfte des Patriarchats als solche nicht mehr an uns heranlassen, häufig sind wir jedoch arglos gegenüber manch redegewandter Schwester und mögen uns nicht der Anstrengung unterziehen, uns auch ihre Sprache und ihre Denkstrukturen sehr genau anzusehen, sie auf ihre Integrität zu prüfen.

Wir alle haben, wie gesagt, zwangsläufig noch patriarchale Denk- und Verhaltensstrukturen in uns, die wir ständig abzubauen trachten. (Die jahrelange vehemente Rassismus-Auseinandersetzung in der amerikanischen Frauenbewegung ist ein Beispiel.) Wir entdecken sie ebenso bei uns wie bei unseren Schwestern. Die Anstrengung dieses Entdeckens – bei uns und bei anderen – ist ein wichtiger Teil unserer feministischen Reise. Radikal unversöhnlich bin ich jedoch da, wo patriarchales Denken in feministischem Gewande von Frauen gezielt eingesetzt wird, um Macht zu gewinnen, Macht im patriarchalen Sinne, was heißt: Macht auch über andere Frauen, und wo dadurch Schwestern behindert und aufgehalten werden, gehindert, ihr feministisches Bewußtsein weiterzuentwickeln, gehindert auf ihrem feministischen Weg.

Wir kleinen Frauchen

Ein Kollege, äußerst labil, Trinker, Gehalt auf Jahre hinaus gepfändet, hatte eine handfeste Frau gefunden, in unkündbarer Beamtenstellung, mit wachem kaufmännischem Sinn. Sie brachte Ordnung in sein desolates Dasein, das bisher stets prekär durch zahlreiche Begegnungen mit Gerichtsvollziehern, durch Wohnungskündigungen und gesundheitliche Zusammenbrüche geschliddert war. „Warum haben Sie denn Ihr kleines Frauchen nicht mitgebracht?" wurde er auf einem Empfang, auf dem er erstmals äußerlich sauber und innerlich relativ gefestigt erschien, von einem väterlichen Vorgesetzten gefragt. (Unnötig zu erwähnen, daß er das „kleine Frauchen" nicht korrigierte, die Monstrosität dieses Ausspruchs sicher gar nicht wahrnahm, denn vermutlich war sie für ihn, obgleich sein Fels im Meer, dennoch sein „kleines Frauchen" ...)

Frauen stellen zwar – nach dem offiziellen Bericht des UNO-Generalsekretärs Waldheim zur UNO-Frauenkonferenz 1980 – nur 1/3 der Arbeitskräfte, leisten jedoch 2/3 aller Arbeitsstunden in dieser Welt (dafür beziehen sie nur 1/10 des Welteinkommens und haben weniger als 1 % Anteil am Weltbesitz). Frauen sind, wie jede/r Mediziner/in bestätigen kann, körperlich stärker belastbar, Frauen können mehr aushalten, Frauen leben länger. Dennoch sind wir für das Patriarchat von der Wiege bis zur Bahre die „kleinen Frauchen". Das muß Gründe haben. Und so war das erste, was wir auf unserer feministischen Reise untersuchten, das traditionelle patriarchale Bild von DER FRAU. Wir fanden bald heraus, daß die Bilder/Rollen, die Mann uns zugesteht, a) von unserer Körperlichkeit und b) ausschließlich in Beziehung zum Mann (zu jeweils *einem* Mann, natürlich, es sei denn, es handelt sich um die beliebte Bezeichnung „Hure") bestimmt sind. Wie die Aufzählung in jenem Papst-Wort von 1975: Tochter (wurde von einem gezeugt), Jungfrau (wurde noch von keinem berührt), Mutter (wurde von einem befruchtet), Gattin (steht einem körperlich zur Verfügung und versorgt ihn), Witwe (hat einen gehabt). Das im Patriarchat herrschende Bild von der Frau ist einzig von ihrer biologischen Funktion geprägt, die immer auch Verfügbarkeit für den Mann bedeutet. Von den Körpermaßen bis zur Seele sollen wir IHM zur Freude gereichen.

Es beginnt, ganz banal und dennoch nachhaltig versklavend, beim äußersten ‚äußeren Anblick'. Einstellungsvoraussetzungen für sogenannte weibliche ‚Traumberufe' zeigen das ganz unverblümt. Erst als Frauen erkannten, daß eine Stewardess beispielsweise nicht viel mehr als eine Kellnerin unter erschwerten Umständen ist, und sie folglich nicht mehr nach diesem Beruf Schlange standen, lockerten die Luftfahrtgesellschaften ihre rigorosen Anforderungen an Größe, Gewicht, Alter und Brillenlosigkeit. Wieviele Bäuche und Glatzen würden zu unserem allertiefsten Nichtbedauern vom Bildschirm verschwinden, herrschten dort für männliches Aussehen die gleichen strengen Maßstäbe, wie sie unsere Gesellschaft durchgängig an das weibliche Aussehen legt.

... umschlang er ihren zarten Leib

Oberstes Gebot für den weiblichen Körper: er soll den sexuellen Appetit der Männer reizen, darf ihnen aber dabei keine Angst machen. Eine Frau sollte also sein: nicht zu groß (nach der Konvention hat der Mann größer zu sein als die Frau), nicht zu alt und erfahren (nach der Konvention hat die Frau jünger zu sein als der Mann), im Körperumfang nicht überwältigend, sondern ‚handlich' (die zarte Taille, die ‚von zwei Männerhänden umschlossen werden kann' ist nach wie vor das Ideal der Groschenromane), und rundum wohl gepolstert, wenngleich schlank.

Damit er den ‚Herren der Schöpfung' keine Angst macht, soll unser Körper nur eine bestimmte Menge Raum einnehmen, und wie das aussieht, können wir den Maßen der Damenkonfektion entnehmen. Kleidung für Frauen wird im allgemeinen in sechs, höchstens acht Größen (36 – 48 bzw. 50) angeboten. Frauenzeitschriften zeigen generell Modelle, die höchstens bis Größe 42, meist nur bis Größe 40 zu haben sind. In den Mode- und Kaufhäusern hängen ab der magischen Psychogrenze 44 nur noch mehr oder weniger unförmige Säcke an den Stangen, auch die interessanten Stoffe hören hier schlagartig auf.

Doch auch eine Frau mit den Maßen 40 oder 42, die nur das ‚Pech' hat, vielleicht 1,75 groß zu sein, hat Schwierigkeiten. An den Maßtabellen von Versandhaus-Katalogen ist es abzulesen: Die Rubrik „Normale Herrengrößen" führt für jede Einzelgröße auch eine bestimmte Körperhöhe auf, von 1,62 bis 1,90. „Normale Damengrößen" hingegen sind pauschal für „über 1,64 Körperhöhe" entworfen (was heißt, sie passen bis etwa 1,68). Bei größer geratenen Frauen sitzt die Taille dicht unterm Busen, alle Röcke sind zu kurz.

Besonders absurd ist das einheitliche Maßverhältnis zwischen Busen – Taille – Hüfte: Brustumfang 20 cm weiter als Taille, Hüftumfang 26 cm weiter als Taille, und das ist die Norm, meine Damen, richten Sie sich danach! Das Forschungsinstitut Hohenstein, das alle Jahrzehnte mal die deutschen Frauen „vermißt", stellte schon vor längerer Zeit fest, daß nur etwa 40 % der Frauen dieses in der Konfektion als ‚normal' bezeichnete Hüft-Oberweiten-Verhältnis haben; bei einem Drittel der Frauen übertrifft sogar die Busengröße den Hüftumfang. Hohenstein fand außerdem heraus: mehr als die Hälfte aller Frauen brauchen Größe 44 und darüber, und immer mehr Frauen wachsen über die Normlänge 1,64 – 1,68 hinaus. Das Institut machte Vorschläge zu Größenvariationen, die Modebranche hat das weitgehend ignoriert. Begründung: Frauen ‚wollen' den raschen Modewechsel, da sind zu viele Variationen nicht rentabel ... (Nur zu Extra-Größen für Kleine konnten sie sich aufraffen – klein ist erlaubt –, und zu sogenannten „übersetzten Größen", wenn der Hüftumfang die vorgesehene 26 cm Differenz zur Taille übersteigt – gebärfreudige Becken sind erwünscht. Die vielen Schmalhüftigen hingegen werden nach wie vor nicht berücksichtigt – bei ihnen ist ja auch Mißtrauen angebracht, ob sie ihre weiblichen Aufgaben wirklich ernst nehmen können!)

Also tragen wir – zum Entsetzen der Modediktatoren – Männerhosen, Männersakkos, Männerhemden und -pullover. Ein gutsortiertes Herrenmodenhaus führt 90 Größen im Gegensatz zu den in den Damenmodenhäusern üblichen sechs bis acht. Für Männer gibt es Normalgrößen, untersetzte Größen, beides dann variiert für kleinen Bauch, dann Bauchgrößen für Kleine, dann schlanke Größen, schlanke Größen für Lange, sportliche Größen für Männer mit muskulösen Schultern und schmaler Taille undsoweiter. All diese Möglichkeiten miteinander kombiniert addieren sich auf die stolze Zahl von neunzig Größen. Für Männer also Individualität, für Frauen die Sex-Norm.

Was schert uns die Damenmode, wir können uns doch alternativ anziehen, sagen viele. Ebenso viele – vermutlich viel mehr – Schwestern müssen sich aber immer noch – für ihren Berufsalltag und oft auch im ‚Privatleben' – konventionell kleiden. Sie spüren den Psychoterror ständig am eigenen Leibe, wenn sie frustriert von Kleidergeschäft zu Kleidergeschäft rennen und ihnen vorm Spiegel in den Umkleidekabinen die wortlose aber eindringliche Botschaft aus jeder zu kurzen Taillennaht entgegenkommt „warum bist du denn auch zu groß!" – und aus jedem über den gleichen Leisten geschlagenen Schnitt „Ihr habt da eben reinzupassen, warum tanzt du denn auch aus der Reihe!" Eine mächtige Industrie ist bemüht, uns zu normen und kleinzuhalten, und sie vermittelt den Frauen, die nicht in ihre absurde Schablone passen – das sind insgesamt 70 bis 80 % aller Frauen – nachhaltig das Gefühl, mit ihnen sei etwas nicht in Ordnung. Nicht in Ordnung ist jedoch das im Patriarchat herrschende Bild vom weiblichen Körper – kein reales sondern ein Zwangsbild, aus männlichen Bedürfnissen und Ängsten geboren.

Die Taille und das Ei

Wir können uns unserem Körper auch von seinem Inneren, nämlich von seiner Anatomie her (und damit relativ unabhängig von Geschlechtsmerkmalen) nähern. Legen wir auf die Abbildung eines frontal gesehenen menschlichen Skeletts ein Pauspapier und verbinden die am weitesten außen gelegenen Punkte der Rippenbögen, ziehen dann die Linie weiter hinunter zum äußersten Beckenrand, dem Darmbeinkamm, gehen von da weiter zum Sitzbein und von dort, über das zweite Sitzbein, in gleicher Weise wieder nach oben: wir erhalten eine reine Eiform. Umgeben wir den nach vorn gerichteten Schädel ebenfalls mit einer Linie: wir bekommen eine zweite, kleinere Eiform. Machen wir an den Ansatzstellen von Arm- und Beinknochen noch vier einfache Striche, so haben wir genau die Form, in der kleine Kinder einen Menschen zeichnen.

Diese Form ist keineswegs zufällig. Rippen und Becken bilden eine knöcherne Hülle, nur ist sie – im Gegensatz zum Schädel – um der Beweglichkeit willen teilweise unterbrochen. In beiden eiförmigen Knochenumrissen sind alle lebenswichtigen inneren Organe des Menschen geschützt untergebracht. Außerhalb befinden sich lediglich Knochen, Muskeln, Sehnen, dazu Blutgefäße, die durch die Herztätigkeit innerhalb des ‚Ei's' gespeist werden, und Nerven, die ihre Impulse ebenfalls von Zentralen im Gehirn (kleines Ei) und Rückenmark (großes Ei) empfangen, sowie die von außen empfangenen Impulse nach innen weiterleiten.

Vergegenwärtigen wir uns nun, wie wir heute, als Erwachsene, unser Bild vom menschlichen Körper schematisch darstellen würden: sicher kaum als Ei – sondern eher in Sanduhrform, in der Mitte als Einschnürung die Taille, und von dort aus scheint sich nach beiden Richtungen, oben und unten, der Körper in die Breite zu dehnen. In unserer Laienvorstellung scheinen die oberen Rippenbögen breiter zu sein, als die unteren, in Wirklichkeit ist es umgekehrt. (Der Sanduhrform annähern könnten wir uns höchstens, wenn wir die Muskelstränge schematisieren würden, doch gäbe das nie diese extreme Einschnürung.) Die Stelle, die wir gewöhnlich als den ‚natürlichen' Ort für den Tailleneinschnitt ansehen, sitzt in der Mitte zwischen unterem Rippenrand und oberem Hüftknochenrand – eine scheinbar „freie" Stelle, wenn wir nur nach dem Knochenskelett gehen. Von den in der Skeletthülle aufgehobenen inneren Organen aus gesehen ist diese Stelle jedoch angefüllt mit empfindlichsten Gebilden: der untere Teil der Leber, der quere Teil des Dickdarms, am Rücken die Nieren, und wenn wir uns recht eng einschnüren beeinträchtigen wir noch Milz, Magen, Bauchspeicheldrüse und das Sonnengeflecht, einen wichtigen Teil des vegetativen Nervensystems.

Diese Körpervorstellung mit der Einschnürung in der Mitte ist also, organisch gesehen, keineswegs ‚natürlich'. Wir finden sie auch nicht bei den antiken Statuen, die doch nach patriarchaler Vorstellung das abendländische Maß an Harmonie und Schönheit verkörpern sollen, weder bei der Venus von Milo, noch beim Apollo vom Belvedere. Auch für die Bewegungsfreiheit in der Kleidung ist diese Stelle nicht funktional: die körper- und bewegungsgerechten Kostüme der Eiskunstläufer bei den Wettbewerben für die Olympischen Spiele beispielsweise hatten bei den Männern durchweg ihre Unterbrechung weit oberhalb der ‚Taille', fast in der Schulterblatthöhe, und bei den Kostümen der Frauen unterhalb der ‚Taille', nämlich direkt auf den Hüften, wo die Röckchen angesetzt waren.

Männer können den vorgeschriebenen Tailleneinschnitt um der Bequemlichkeit willen mißachten, entweder kaufen sie ihre Hosen in Bauchgrößen, oder sie lassen sie auf den Hüftknochen aufsitzen und den Bauch darüberhängen. Mann bleibt Mann, auch birnenförmig. Frauen jedoch sollten Taille haben, die Konfektionsmaße bläuen es uns, wie gesagt, ein: der Taillenumfang sollte mindestens 20 cm schmaler als der Brust- und mindestens 26 cm schmaler als der Hüftumfang sein.

Interessanterweise hat sich in Zeiten, in denen Frauen etwas mehr Freiheit hatten, auch ihre Kleidung verändert: in der Romantik, wo zumindest eine bestimmte Schicht von Frauen des gehobenen geistigen Bürgertums eine ungewöhnliche Freiheit – geistig wie sexuell – hatte, saß die ‚Taille' direkt unter der Brust, was funktionell und ästhetisch war. In den Zwanziger Jahren, wieder ein Zeitraum relativer Freiheit für Frauen, war die Taille auf die Hüften hinabgerutscht. Frauen der heutigen Frauenbewegung lieben östliche Gewänder oder weite Hemden und Pullover, die sich jeder Tailleneinschnürung entziehen. In sehr auf Kinder-Küche-Kirche ausgerichteten Zeiten hingegen, wie den Wilhelminischen beispielsweise, trugen die Frauen die Taille künstlich geschnürt. Und die deutschen und amerikanischen Filme der Restaurationszeit der fünfziger Jahre führen uns das ‚perfekte' Busen-Taille-Hüften-Verhältnis vor. Ausgepolsterte „Körbchen" für den Busen waren der letzte Schrei der Miedermode, und in den USA trugen Frauen mit schmalen Hüften oder flachem Po kleine rundende Polster unterm Rock ...

Die romantisch zerbrechliche Taille, leicht zu knicken (die Redensart vom gebrochenen Rückgrat fällt mir dabei ein), gehört zum patriarchalen Wunschbild, obgleich Frauen ja zur ebenfalls erwünschten Gebärfunktion eigentlich ein kräftiges Kreuz brauchten. Patriarchale Logik nach dem Motto: erst das (unser) Vergnügen! Zum Wunschbild gehört auch der Trippelgang auf hohen Absätzen, die Frauen am Weglaufen hindern, – offenbar äußerst stimulierend für Männer-Sex. Ingmar Bergman's Film „Aus dem Leben der Marionetten" (1981) beginnt mit einem Mord: eine Frau (Peep-Show-Darstellerin!) läuft in äußerst hochhackigen Pumps fort, wird eingeholt und ermordet. Jede normale Frau würde, wenn sie hohe Absätze trägt, als erstes die Schuhe von sich schleudern, wenn sie flüchten muß ...

Bergman schließt die Sequenz mit einer langen Kameraeinstellung auf ein lebloses Frauenbein in einem hochhackigen Pumps, das hinter einem roten Diwan hervorragt – rot, Tod und Pumps symbolisieren für ihn die zwanghafte Sex-Situation eines Mannes, die der Film beschreibt.

Zwei Beispiele aus der Werbung, Frühjahr 1984: ein lässig an eine symbolische Reeling gelehnter junger Mann im Segeldress wirbt für Herrenmode, im Hintergrund steht, scheinbar gänzlich unmotiviert, ein Paar blaulakkierter extrem hochhackiger Pumps. Die Botschaft: wenn du so toll und lässig gekleidet bist, hast du auch die Frauen, die du willst. – Eine Alka-Seltzer-Reklame mit den Riesenlettern ‚Hard Job – Hard Play' – frei nach Goethe: harte Arbeit, harte Feste. Dazu die Attribute eines ‚Herren': schwarzes Attaché-Case, zusammengerollter Regenschirm, Financial Times. Im Hintergrund ein einzelner, rotlackierter, extrem hochhackiger Pumps. Die Botschaft: Erfolgreich in Geschäften sein heißt auch, alle Frauen, die Mann will, bekommen – und bei diesen beiden anstrengenden Dingen verhilft Alka-Seltzer dann wieder zu einem klaren Kopf ... Für ‚Frau' steht in beiden Werbebeispielen nur noch der hochhackige Pumps als Symbol für hilf- und wehrlose, für willige Feminität.

Auf solche Bilder also möchte man uns alle festlegen: das hilflose Weib, das keinem Angst macht. Die Walküre Brunhilde durfte noch stark sein, doch sie gehört ja auch noch in den Umkreis matriarchaler Mythologie. Eine Frau, die Brunhilde getauft wurde, sagte mir: „Solange ich denken kann, hasse ich diesen Namen!" Zeit ihres Lebens hatte sie zu hören bekommen, der Name passe überhaupt nicht zu ihr (dabei ist sie groß, kräftig und schön). Als Kind war sie mit Kurznamen wie Bruni oder mit Spitznamen gerufen worden, doch auch als Erwachsene ging es ihr nicht anders. Selbst Arbeitgeber sagten zu ihr: „Nein, mit *dem* Namen reden wir Sie nicht an!" Sie lebte in dem Zwiespalt „ich will nicht diese starke Brunhilde sein, aber ich will auch nicht ein Leben lang dieses ganz schwache Weibchen sein" und söhnte sich erst mit ihrem Namen aus, als sie am Ende das e kappte und sich Brunhild nannte (an so ein winziges kleines e könnten wir lange Überlegungen über die Macht weiblicher Wort-Endungen knüpfen!).

Solange schon allein Namen, die auf kämpferische kräftige Frauen hindeuten, solche Angst machen, wie sollten sich da unsere Körper so zeigen dürfen, wie sie wirklich sind, in ihren unterschiedlichen Formen und voller Kraft und Fülle? Solange unsere Körper sich nicht in ihrer wahren Form zeigen dürfen, solange können wir auch unsere Erotik nicht erleben. Was weibliche Erotik wirklich ist, wirklich sein könnte, können wir unter den gegenwärtigen kulturellen Verhältnissen nur phantasieren, nur negativ an den herrschenden Macht- und Psychostrukturen ablesen, aber leider nicht positiv und real am eigenen Körper erfahren. Auf jeden Fall nicht in der als Norm vorausgesetzten Hetero-Struktur, die uns darob immer fragwürdiger wird.

Mütterchen rund, Mütterchen fein

Nur dann darf unser Körper mehr Raum, als ihm sonst genehmigt ist, beanspruchen, wenn er in Erfüllung unserer vornehmsten biologischen (und nach weitverbreiteter patriarchaler Ansicht einzigen) Aufgabe, nämlich ein Kind zu bekommen, anschwillt. Und da sollen und dürfen wir auch unsere Identität finden: Muttersein – als Aufgabe, als Eigenschaft und als Begrenzung. Alle wollten und wollen sie uns zuerst mal auf unsere Gebäraufgabe festlegen, ob Nazis oder Kirche, ob Rechte oder Linke. Mütterlichkeit – die beliebteste Formel, wenn das Lob der Frau in krokodilstränenreichen Sonntagsreden, bei Taufansprachen oder am Grabe gesungen wird.

Wir entdeckten auf unserer feministischen Reise, daß dieser Begriff ebenso eingeengt ist, wie die Vorstellung vom weiblichen Körper, und zugleich ebenso mit Ansprüchen überladen. „... jene religiöse Mystifikation der bedingungslosen Liebe, mit der die Gesellschaft bisher die Mutterrolle überfrachtete" lautet eine wie ich meine gelungene Formulierung im Kursbuch 76. Damit ein Mensch nicht nur auf die Welt kommen, sondern hier auch einigermaßen erträgliche Lebensbedingungen vorfinden kann, müßte ‚Mütterlichkeit' ganz andere Bereiche umfassen als im herkömmlichen Bild vorgesehen sind:

Haus und Kinder hüten wird im Patriarchat propagiert –

daß Frauen die Dinge der Welt in die Hand nehmen und ordnen, wird weniger gewünscht („Frauen und Hunde gehören hinter den Ofen" schrieb einer in Waldkirchen/Niederbayern, wo bei den Kommunalwahlen 1984 eine Frauenliste kandidierte, quer über den Stimmzettel).

Kinder aufziehen und ständig für sie (und zugleich natürlich für den Mann) dasein, sich in Selbstaufgabe aufopfern, gilt als Tugend –

die Frau, die die andere Seite dieser mütterlichen Pflichten erfüllt, nämlich Kinder loslassen, sie notfalls alleinlassen, wegschicken, damit sie selbständig werden können – diese Frau gilt als Rabenmutter.

In den eigenen vier Wänden für Harmonie sorgen ist erwünscht –

sich öffentlich lautstark einmischen, wo die Dinge schieflaufen, wo das Überleben nicht nur in der Kleinfamiliengruppe sondern Überleben generell auf dem Spiel steht – das ist wieder weniger erwünscht.

Sorge, die sich über den Umkreis von Küche, Schmutzstreifen, Weißmacher und Weichspüler, Gardinenneu und hygienischer Sauberkeit hinausbewegt, ist im allgemeinen Mütterlichkeitsbild nicht vorgesehen („Mami, jetzt kratzt die Wäsche gar nicht mehr" – überirdisches Strahlen der Mutter ...

So soll es sein.)

Zum umfassenden Begriff von Mütterlichkeit hingegen gehört natürlich ganz grundsätzlich auch die Entscheidung darüber, ob einem Kind die Umstände, unter denen es zur Welt kommen und in ihr leben würde, zuzumuten sind oder nicht – was auch immer die Herren, die meinen, darüber bestimmen zu sollen, speziell die Zölibatäre unter ihnen, behaupten.

Wie sehr die Männer die Mütterlichkeit ‚in den Griff' bekommen haben (nachdem sie die Weisen Frauen ausgerottet hatten) zeigt auch die Veränderung der Gebärstellung: durch Jahrtausende gebaren die Frauen im Hokken, wir sehen das noch auf mittelalterlichen Bildern, – erst mit den Männern in der Geburtshilfe wurde die ganz unfunktionale, für den Geburtshelfer aber bequemere passive Rückenlage eingeführt, – heute entdecken Frauen wieder die Geburt in der Hocke.

Wir beginnen heute zu ahnen, was Mütterlichkeit eigentlich sein könnte, nämlich: im umfassenden Sinne Sorge für das Leben – und das ist dann auch unabhängig davon, ob wir leibliche Kinder haben. Mit diesem neuen Begriff können wir das schwache, abgenutzte Klischee auf den Müll werfen, zusammen mit den tausend Schuldgefühlen, die in uns entstehen, wenn wir diesem Klischee nicht entsprechen, und die mit der ‚religiösen Mystifikation der bedingungslosen Liebe' so äußerst erfolgreich im weiblichen Unbewußten implantiert wurden.

Ausgeburten der Männer

All diese patriarchalen Vorstellungen von Mütterlichkeit haben natürlich einen machtvollen ideologischen/mythologischen Hintergrund. Von Mütterlichkeit im umfassenden Sinne – als Fruchtbarkeit, als Sorge für die Welt und das Leben – waren Mythos und Anbetung in den vorpatriarchalen, nämlich den matriarchalen, Zeiten bestimmt. Die frühen Patriarchen müssen dies als so übermächtig und angsteinflößend empfunden haben, daß in ihrem Schöpfungsmythos nun ein männlicher Gott als erstes einen Mann erschafft, der dann (aus seiner Rippe) die Frau gebiert. (Eine Umkehrung, die auch die griechischen Patriarchen vorgenommen hatten – so gebiert Zeus die Athene aus seinem Kopf.)

Und das Christentum mußte dann eine Art von Mütterlichkeit konstruieren, der keine Frau auf Erden gewachsen war: eine Mutter, die dennoch Jungfrau bleibt, die Madonna, die Heilige, Maria. Damit wollten sie sicherstellen, daß die Gebärfähigkeit der real auf dieser Erde existierenden Frauen nie wieder zu einem – wie sie es empfanden – bedrohlichen Machtfaktor werden konnte. Jetzt konnte Mann die Frauen immer kleinhalten mit der ‚Tatsache', daß sie – seit der sündigen Eva – ihre Kinder auf sehr unanständigem fleischlichem Wege empfangen mußten und also nie rein wie die heilige Jungfrau sein konnten. Maria wurde zur einzigen je auf Erden lebenden Frau, die, ohne von Geschlechtsverkehr ‚befleckt' zu sein, ein Kind, den Gottessohn, gebar, und wegen dieser Reinheit die höchste Verehrung verdiente.

Frauen müßten daraus eigentlich folgern, daß doch wohl die Männer die Unreinen sind, wenn einzig durch den Verkehr mit ihnen eine bis dahin ‚reine Jungfrau' ihre Unschuld, ihre Reinheit verliert. Doch patriarchale Ideologie in ihrer unbegreiflichen Unlogik will es anders: die Frage rein oder unrein spielt für die moralische Bewertung eines Mannes keine Rolle, für die Frau wurde sie zur ontologischen (Seins-bestimmenden) Kategorie: Heilige oder Hure. Meine Freundin Evamaria erzählte mir, wie es ihr erging, als ihr Verlobter (beide waren Anfang 20) ihr gestand, er sei so glücklich, daß sie auch noch Maria hieße, das würde doch den schlimmen Namen Eva etwas aufwiegen. Sie war wie vom Donner gerührt, bis in den Kern ihres Seins getroffen. Ihr Wert als Person sollte von zwei alten Namen bestimmt sein! Damit begann ihr Bewußtwerdungsprozeß. Die Verlobung wurde gelöst, heute nennt sie sich nur noch Eva.

Hinweise und Quellen:

Waldheim: die Statistik stammt aus Development Issue Paper No. 12, U.N. Development Program.

Papst-Wort: im Wortlaut zitiert in Kapitel 1

Versandhauskatalog: Maße entnommen aus Heinrich-Heine-Versand, Frühjahr 1984

Reihenmessungen: Forschungsinstitut Hohenstein, 7121 Schloß Hohenstein über Besigheim

Kursbuch 76, zitiert nach BRIGITTE, Heft 17/84, S. 94

zu Brunhilde: Heide Göttner-Abendroth: „Die Göttin und ihr Heros. Die matriarchalen Religionen in Mythos, Märchen und Dichtung." Verlag Frauenoffensive, München, 1980.

zu jungfräuliche Mutter finden sich ausführliche Überlegungen in Ursa Krattiger: „Die Perlmutterne Mönchin. Reise in eine feministische Spiritualität." Kreuz-Verlag, Stuttgart, 1983.

Psychospiele

Als wir, Schicht um Schicht, den Begriff ‚Mütterlichkeit‘ entmythologisierten, ging uns auf, daß wir heute auch überhaupt nicht sagen können, was der Begriff ‚weiblich‘ in seiner vollen Bedeutung eigentlich umfassen könnte. Durch Jahrhunderte hat man uns den Weg zu unserer Identität mit so vielen Bildern und Vorschriften, was wir und wie wir zu sein hätten, verstellt, daß wir über ‚weiblich‘ heute ebensowenig aussagen können, wie über ‚männlich‘. Dennoch wird das ständig getan und damit unsere Identität vergewaltigt. Dazu drei Beispiele aus der Psychologie.

Väterchen Freud und der Penisneid

Wir haben über diese Absurdität schon immer gelacht, früher hinter vorgehaltener Hand, heute offen. Doch angesichts der Wirkung, die Freud mit der Erfindung der Psychoanalyse auf die gesamte Psychologie gehabt hat und bis heute hat, sollten wir uns nochmal vor Augen führen: ein ansonsten scharf denkender Mann war, als es um Frauen ging, kritiklos seinen Vorurteilen ausgeliefert. Als er in seinen Analyse-Gesprächen von Frauen immer wieder deren Unzufriedenheit und Unausgefülltheit erfuhr, konnte er das nur ganz körperlich aufs männliche Geschlechtsteil beziehen, statt zu erkennen, daß das Unbehagen dieser Frauen reale Gründe hatte: sie waren in ihrer Bewegungs- und geistigen Freiheit eingeengt und von allen Entscheidungen im öffentlichen Bereich ausgeschlossen und mußten zusehen, wie anderen menschlichen Wesen, nur weil sie einen Penis haben, die ganze Welt, alle Berufe, alle Macht offenstand, einschließlich der Macht, über das Leben von Frauen zu bestimmen. Wie hilflos sich Freud im Grunde allen seelischen Äußerungen von Frauen gegenüber fühlte, zeigt seine Bemerkung, ihre Beziehungen und ihr Sexualleben seien „ein dunkler Kontinent der Psychologie“. Dennoch versteigt er sich zu der Aussage, ihre Anatomie habe ihr „eine Wunde der Minderwertigkeit“ geschlagen – und beeinflußte damit Millionen von Psychologen, Psychotherapeuten und Psychoanalytiker bis auf den heutigen Tag.

Bereits in den zwanziger Jahren versuchte die Psychologin Karen Horney, der Freud'schen Theorie vom Penisneid ihre Theorie vom Gebärneid der Männer gegenüberzustellen. Am männlichen Gebärneid ist vielleicht wirklich mehr dran, als wir bisher ahnen, er wäre – im Gegensatz zur Theorie von Freud – nicht der Neid auf ein bestimmtes Organ, sondern der Neid auf eine einmalige Fähigkeit, die den Männern verschlossen ist. Dennoch ist – wie Mary Daly in ihrem Buch ‚Gyn/Ökologie' ausführt – mit dieser bloßen Umkehrung nicht viel gewonnen. Denn Frauen sind damit immer noch auf Uterus, Genitalien und Brüste festgelegt, wenn auch diesmal in positiver Weise. „Nicht nur die Verachtung, sondern auch die Glorifizierung der weiblichen Fruchtbarkeitsorgane sind Ausdruck männlicher Fixierung und männlichen Fetischismus" sagt Mary Daly. Wir wissen heute, daß wir uns nicht mehr auf unsere Sexualfunktion, auf unsere Reproduktionsfähigkeit festlegen lassen dürfen, im öffentlichen ebensowenig wie in unserem eigenen Denken ...

Onkel Jungs Versöhnungsmärchen

C. G. Jung ging da mit seiner Animus/Anima-Theorie wesentlich raffinierter vor. ‚Neid' ist immer so was häßliches, doch Jungs Vorstellungen klingen auf den ersten Blick so schön und so versöhnlich: alle Männer haben was weibliches, alle Frauen haben was männliches. Diesem Denken sind viele Frauen, die sich nach Ausgleich sehnen, keine Konfrontation wollen, aufgesessen. (Die Theorie hat auch viele feministische Theologinnen auf den gefährlichen Weg gelockt, eine Androgynität – Zweigeschlechtlichkeit – in Jesus, gar in Gott zu sehen und zu beschreiben und damit die patriarchale Religion für Frauen wieder akzeptabel erscheinen zu lassen ...)

Doch ist C. G. Jungs Animus/Anima-Vorstellung mit seiner Definition, was männlich und was weiblich sei, keineswegs von irgendwelchen Archetypen, von zeitlosen archetypischen Bildern, wie er vorgibt, abgeleitet, sondern durchaus von herrschenden gesellschaftlichen Vorstellungen. In der Zeitschrift „Schlangenbrut" (Heft 4, Februar 1984), hat Elga Sorge äußerst scharfsinnig die sexistischen Vorurteile, von denen Jung bei seiner Theorie geleitet war, herausgearbeitet: „Besonders störend ist in diesem Zusammenhang, daß nur der Mann eine Anima haben soll, denn schließlich meint Jung damit das Unbewußte und die Seele. Der Animus der Frau hingegen ist Jung zufolge etwas anderes, nämlich ‚eine Versammlung von Vätern und Autoritäten'. Dieser Animus erscheint auf einer bestimmten Ebene als typisches Über-Ich-Introjekt, nicht als Äquivalent zur schöpferischen Seite der Anima, die, angeblich, allein im Besitz der Männer ist. Heute ist mir klar, daß darin männliches Wunschdenken und die unreflektierte Darstellung patriarchaler Zustände zum Ausdruck kommt. Denn Jung spricht mit dieser Anima-Konstruktion eigentlich nur dem Mann eine Seele zu, der

Frau hingegen ein autoritäres Über-Ich. Gewisse frauenfeindlichen Äußerungen Jungs, die in der Beschreibung des Animus kulminieren, lassen diese Vermutung höchst denkmöglich erscheinen."

Der Animus ist also nicht eine komplementäre Ergänzung für die Frau, womit ihr individuell ein Handeln ermöglicht würde, das in unserer Gesellschaft das Etikett ‚männlich' trägt, sondern der Animus spielt für die Meinungsbildung der Frau die Rolle einer – so Jung wörtlich – „Art Versammlung von Vätern und Autoritäten ... seine Meinungen sind stets kollektiv und übergehen Individuen und individuelle Beurteilungen ... diese Meinungen haben für den Mann – insofern die Frau hübsch ist – etwas rührend Kindliches, welches ihm zu einer ihm wohltätigen, bevaternden Lehrhaftigkeit verhilft ..." Und wenn die Frau nun nicht im patriarchalen Sinne ‚hübsch' ist? Nach Jungs Meinung wird die vom Animus ‚gerittene' Frau (wir würden sagen: die Frau, die ihre eigenen geistigen Vorstellungen entfaltet) besserwisserisch, versteigt sich in schlecht begründete Argumentationen und macht sich damit lächerlich. (Er beschreibt damit exakt heutige männliche Reaktionen auf die feministische Theorie ...)

Nein, dieser Animus des C. G. Jung kann uns Frauen wirklich nicht reizen. Und die großartige Versöhnungsfunktion, die der Animus/Anima-Konstruktion immer nachgesagt wird, erweist sich bei genauem Hinschauen als äußerst trügerisch. Nein, wir müssen unsere eigene Stärke finden, dürfen unser Frausein nicht von zeitbedingten Vorstellungen von Männlichkeit abgeleitet sehen, dürfen unsere Identität nicht als Gegenbild zu sogenannten ‚männlichen' Charakteristika bestimmen und einengen lassen. Der Gedanke, daß wir ja auch ‚männliche' Anteile in uns hätten, kann uns nicht mehr verlocken oder unser Selbstbewußtsein aufmöbeln. Wir finden das nämlich gar nicht mehr so erstrebenswert ...

Frauen als moralische Sitzenbleiber

Als drittes Beispiel die Entlarvung einer psychologischen Theorie. Einer jungen Wissenschaftlerin an der Harvard-Universität, Carol Gilligan, fiel in den siebziger Jahren auf, daß bei den Übungen zur Theorie der Entwicklungspsychologie die Student*innen* nach den ersten Sitzungen wegblieben. Sie sagte nicht: „Diese desinteressierten Frauen!" sondern fragte sich: „Was könnte mit dem Lehrstoff nicht stimmen?" (Ein frauengerechter Forschungsansatz!)

Carol Gilligan fand in umfangreichen eigenen Untersuchungen und Befragungen von Frauen heraus, daß die herrschende Theorie von der moralischen Entwicklung des heranwachsenden Menschen der weiblichen Hälfte der Menschheit nicht gerecht wird. Diese Theorie begann in den zwanziger Jahren mit dem Schweizer Jean Piaget und wurde von dem Amerikaner L.

Kohlberg in einem Sechs-Stufen-Modell auf den neuesten Stand gebracht (international anerkannt und Prüfungsstoff auch an deutschen Universitäten). Nach diesem Modell blieben Frauen stets auf der dritten Stufe der Skala – charakterisiert als „Konformität mit stereotypen Vorbildern der Gesellschaft" – hängen. Die Forscher wurden auch nicht dadurch stutzig, daß Mädchen in ihrer Entwicklung viel früher als Buben diese Stufe erreichten, dann aber dort stehenblieben, während Buben sich zur vierten Stufe „Law and Order" (die auch noch zur konventionellen Ebene gehört) weiterentwickelten. Nur relativ wenige Probanden gelangten je auf die beiden obersten Stufen, nämlich zu der rein an Grundsätzen und Prinzipien orientierten Urteilsfähigkeit. (Die Wertungsreihenfolge läuft von Ich-bezogen über Umwelt-bezogen bis zum autonomen prinzipientreuen Urteil. Die dem zugrundeliegenden Untersuchungen wurden fast ausschließlich an jüngeren Männern vorgenommen, die gewonnenen Maßstäbe wurden dann aber auch an Frauen angelegt.)

Carol Gilligan fand in ihren Befragungen, die sie zu einem nur Frauen betreffenden moralischen Dilemma, nämlich der Abtreibungsentscheidung, stellte, heraus, daß Frauen sehr wohl nach Prinzipien urteilen. Doch spielt bei ihnen eine abgehobene theoretische Ethik kaum eine Rolle, vielmehr steht die Frage der Verantwortlichkeit und damit die Abwägung, bei welcher Entscheidung am wenigsten Schmerz, am wenigsten Verletzungen, am wenigsten Schaden entstehen, im Vordergrund. Frauen denken in mitmenschlichen Beziehungen, so Gilligans Ergebnis, sie sehen, daß es im moralischen Konflikt keine Entscheidung gibt, bei der nicht eine/r der Beteiligten verletzt wird, ihnen geht es darum, *die* Lösung zu wählen, die am wenigsten Schmerz zufügt. Damit handeln sie nach dem Prinzip der Gewaltlosigkeit.

In der Kohlbergschen Stufentheorie wurden hingegen diejenigen, die theoretisch konstruierte Entscheidungssituationen nach einem theoretischen Gerechtigkeitsprinzip zufriedenstellend beantworteten, am höchsten eingestuft, ihnen wurde die am besten entwickelte moralische Haltung bescheinigt.

Was hier passierte, begegnet Frauen wo immer sie patriarchale Theorien genau untersuchen: was als objektive (und womöglich durch unabhängige Feldstudien belegte) Maßstäbe ausgegeben wird, ist bereits durch eine von patriarchalem Denken geprägte Werthierarchie (und aus dieser entwickelten Fragestellung) vorbestimmt. Und nach diesem Denken ist eben auch (wie bei Kohlberg) ein hehres theoretisches Prinzip höher zu bewerten als die Sorge um Verletzung und Gewalt im konkreten Fall. „Die Konzeption vom Einzel-Ich und vom von realen Zwängen unberührten moralischen Prinzip ist ein *unreifes* Ideal ..." sagt Carol Gilligan. Und ein solches unreifes Ideal wurde bisher in der entwicklungspsychologischen Forschung als oberste Stufe moralischer Entwicklung gewertet.

Heute aber stürzen Frauen die großen Väter der Psychologie von den Sockeln und gehen den Theorien, mit denen die Spielchen mit unserer Seele und mit unserer Identität getrieben werden, auf den Grund. Es wird höchste Zeit!

Hinweise und Quellen:

S. Freud: zitiert nach Mary Daly: Gyn/Ökologie

Karen Horney: zitiert nach Mary Daly: Gyn/Ökologie

C. G. Jung: Elga Sorge: „Weibliche Identität oder patriarchale Weiblichkeit", Schlangenbrut Nr. 4, Februar 1984 (zu beziehen bei Elke Gerfertz, Isselhorster Str. 11, 4830 Gütersloh)

Carol Gilligan: meine Zusammenfassung stützt sich auf den Artikel: „In a different Voice: Women's Conception of Self and of Morality". Harvard Educational Review Vol. 47, No. 4, Nov. 1977
Inzwischen hat Carol Gilligan ihre Ergebnisse auch in Buchform veröffentlicht: „Die andere Stimme. Lebenskonflikte und Moral der Frau." Piper-Verlag, München, 1984

Der Geist ist männlich?

Körper – Seele – Geist: die klassische Dreiteilung, der wir schon lange mißtrauen. Doch sind auch wir auf unserer feministischen Reise mehr oder weniger in dieser Reihenfolge vorgegangen, aus naheliegenden Gründen. Die Dreiteilung war im abendländischen Denken auch immer eine Rangordnung, Körper/Materie wurde niedrig, das Körperlose/der Geist ganz hoch bewertet. Dem Bereich Körper/Materie wurden die Frauen zugeordnet. Seele im sentimentalen Sinne durften sie auch noch haben, als Verzierung zum ‚harten' männlichen Alltag. Doch Geist?

Die Festlegung auf Körper war uns als Erfahrung eigener, mütterlicher, großmütterlicher, generell weiblicher Unterdrückung am besten vertraut, daher konnten wir sie auch am ehesten in Frage stellen, – das, wovon wir systematisch ferngehalten wurden, blieb uns zunächst auch am fernsten. Also entdeckten wir erst unseren Körper, entlarvten damit den gegen uns gerichteten Psychoterror, und erst seit kurzem beginnen wir uns eigentlich erst richtig mit dem Bereich ‚Geist' auseinanderzusetzen. Ich halte diese Auseinandersetzung für den im Augenblick wichtigsten und notwendigsten Vorgang in unserem feministischen Bewußtseinsprozeß. Erst wenn wir die patriarchalen Denkstrukturen auch dort, wo sie scheinbar ganz ‚neutral' und ‚objektiv' sind, voll durchschauen, sind wir wirklich frei für eigene Entwürfe.

Wir müssen in Frage stellen, was in der Wissenschaft als Grundstruktur des menschlichen Geistes, als grundlegende Prägung des Denkens der Spezies Mensch ausgegeben wird: bestimmte Gesetze, nach denen sich Denkabläufe vollziehen (sollen), bestimmte Arbeitsweisen der Logik und eine bestimmte Rangordnung des Denkens (‚theoretisches' kommt vor ‚praktischem' beispielsweise). Das alles soll genauso ein Naturgesetz sein wie die Tatsache, daß die Sonne scheint und die Erde sich dreht?

Und immer wieder erleben wir, daß Frauen zwar ihre körperliche und seelische Unterdrückung voll durchschauen, am Punkt Geist (das heißt Wissen, Bildung, Ausbildung) jedoch passen. Zu lange und zu nachdrücklich hat das Patriarchat diesen Bereich für geschlechtsneutral erklärt. Hier gibt es scheinbar keinen frauenspezifischen Angriffspunkt. Zwar wurden Frauen auch hier durch Jahrhunderte ausgeschlossen, doch wurde das eben wieder biologisch begründet: ihr Gehirn sei nicht so beschaffen, daß es die Strukturen, die dem ‚menschlichen' Denken a priori, wie die Philosophen sagen – wörtlich: vom früheren her, also von allem Anfang, vor aller Erfahrung – gegeben seien, erfassen könne. Bis zum Grammgewicht des weiblichen Gehirns versuchten sie das nachzuweisen. Frauen könnten eben nur die Dinge a posteriori – vom späteren her, aus der Erfahrung heraus – aufnehmen, hieß es, zum abstrakten Denken seien sie nicht fähig. Und wenn Frauen kluge Einsichten allgemeiner Natur äußerten, so wurde dies mit herablassender Bewunderung als ‚weibliche Intuition' eingestuft. („Zerbrich dir nicht dein hübsches Köpfchen" lautet ein unendlich banaler, in diesem Zusammenhang jedoch sehr aufschlußreicher Männerspruch – auch heute noch beliebt, wie ich höre.)

Des Kaisers neue Kleider

Jetzt, wo wir in den Universitäten sitzen und scheinbar gleichberechtigt Anteil am ‚Reich des Geistes' haben, glauben verständlicherweise viele Frauen – auch Feministinnen – der Bereich des reinen Wissens sei tatsächlich geschlechtsneutral, auf diesem Boden angeblicher Objektivität und Wertfreiheit ginge es endlich einmal fair zu. Wir hätten nur zu beweisen, daß unser Hirn genauso funktioniert wie das der Männer, wir müßten nur fähig sein, ihre Denkoperationen nachzuvollziehen und seien dann, an diesem Punkte, endlich, in ein übergreifendes Gemeinsames aufgenommen. Andere von uns glaubten vielleicht nicht so sehr an das Gemeinsame und an die Fairness, meinten aber, wir müßten nur das von den Männern angehäufte Wissen und ihren Know-how in uns aufnehmen und könnten dann, mit ausreichendem geistigen Handwerkszeug versehen, die Welt in unserem Sinne verändern. Ich halte das für einen Irrtum. Auch die Milch der Alma mater ist vergiftet. Beim Patriarchat sitzt der Teufel immer im Detail und im Überbau zugleich.

Der Überbau: für die männlichen Denker waren die Strukturen des Denkens, die sie sich als reine Form und damit frei von allem Körperlichen und Zufälligem vorstellten, die einzig feste Größe in dieser wechselvollen Welt. Sie konnten zwar trefflich darüber streiten, *wie* diese Strukturen im Einzelnen aussähen, *daß* sie aber fest und unabänderlich und eben a priori gegeben seien, darin waren sie sich alle einig. Es mußte so sein, denn: durch die Strukturen, die menschlichem Denken eigen seien und es von allem Irdischen abheben sollten, durften sie sich mit ‚dem' Geist als solchem verbunden, sich ihm verwandt fühlen. Der konnte dann je nach Anschauung gleichbedeutend mit Gott sein oder mit dem Walten der Natur, er konnte als absoluter Geist, als Weltgeist, als Gegensatz zur Natur, als Widersacher der Seele usw. usf. definiert werden – Hauptsache, es gab etwas Absolutes, dem sich der Mensch (Mann) als einzige Kreatur auf dieser Erde zugehörig und damit aller anderen Kreatur überlegen fühlen konnte. Multigenerationen abendländischer Denker würden im Grabe rotieren, könnten sie jetzt unsere Frage hören: Ist dieser ganze großartige Überbau ‚Geist' nicht vielleicht nur geschlechtsbestimmt, und zwar auf irrationalste Weise von speziell männlichen Wünschen, Sehnsüchten und Minderwertigkeitsgefühlen geprägt? Nur eine Projektion des Patriarchats also, weiter nichts? Wieder mal des Kaisers neue Kleider?

Gehen wir diesem ‚Geist' auf den Grund. In unser aller Vorstellung ist er etwas durch und durch männliches, nicht nur wegen des grammatikalischen Geschlechts. Der Geist ist einfach ER – und daß sich das so fest sowohl in unserem Bewußtsein als auch in unserem Unbewußten verkrallt hat, zeigt, welche Macht diese Vorstellung hat. Daß es früher einmal eine Sophia, eine weibliche Weisheit gab, die da war vor Gott, „eingesetzt von Ewigkeit, von Anfang, vor der Erde" wie es im Alten Testament heißt, haben wir nie erfahren dürfen. SIE vor IHM, das durfte nicht sein.

Guten Morgen, Sophia, du Schöne!

Auf einer Tagung für Frauen, für die ich verantwortlich war (Mitte der sechziger Jahre), zog mich eine etwa fünfzigjährige Teilnehmerin beiseite und flüsterte mir verstohlen zu: „Haben Sie schon mal was von der Sophia gehört?" Ich hatte nicht. Sie nahm mich mit in ihre Wohnung und zog eine Schreibtischschublade auf, die mit Nachrichten von Sophia überquoll. Durch die Jahre hatte sie gesammelt, was ihr unter die Finger kam: Abbildungen, Aufsätze, Quellen. (Abbildungen vor allem, denn in der Ostkirche hat die Sophia noch lange eine Rolle gespielt.) Ich war fasziniert, spürte die Kraft dieses alten Bildes, spürte, daß es mein Bild war von Anfang an, und zugleich kribbelte es mir die Wirbelsäule hinauf, stellten sich mir die Nakkenhaare auf. Wir waren allein in der Wohnung, doch auch hier flüsterten wir noch wie Verschwörerinnen. Der rächende patriarchale Vatergott durfte uns nicht hören, er saß uns im Nacken, sage ich heute. Ich wollte dann die nächste Frauentagung Eva – Maria – Sophia nennen, doch der zuständige Theologe widersprach: die Sophia sei doch ein äußerst dunkler Begriff, den dürfte ich nicht verwenden. (Womit er lediglich aussagte, daß die Theologen damit nichts anfangen konnten, wohl aber genau spürten, wie gefährlich dies Bild für sie werden konnte.) Wir nannten dann diesen Teil der Tagung: Ist der Geist männlich? Die volle Ironie und tiefere Bedeutung der Tatsache, daß ausgerechnet die Sophia, dieser klarste, hellste Begriff von Weisheit, als ein dunkler bezeichnet wurde, ging mir erst viel später auf meiner feministischen Reise auf. Doch seit zwanzig Jahren habe ich nun Umgang mit Sophia. Die Frau, die mir das ‚Geheimnis' weitergab, starb bald darauf an Krebs.

Inzwischen haben Frauen begonnen, über die Geistin zu forschen, die in verschiedener Gestalt – im Hebräischen als Ruach, als Shekinah – als ferner Gruß aus matriarchaler Zeit noch in patriarchales Denken hineinragt. (So ähneln zum Beispiel die Sophia-Verse im Alten Testament Teilen aus der Isis-Aretalogie von Kyme.)

Die Geschichte des abendländischen Geistes jedoch ist die Geschichte von ER. Die frühen griechischen Philosophen entwickelten aus dem frei schwebenden Weltgeist, dem nous (m.), dann den logos (m.), der schon mehr von Gesetzmäßigkeit geprägt ist, und als Plato (4. Jahrhundert v. Chr.) schließlich im Höhlengleichnis unsere Welt nur noch als schattenhaften Abglanz von etwas für Menschen nicht-erkennbarem, außerirdischem sah, – die Welt als Täuschung also – und als unwandelbares nur die Begriffe, die sich nicht von sinnlicher Wahrnehmung herleiten, sondern Abbilder von metaphysischen (hinter-dem-körperlichen) Ideen sind, – da war das abendländische männliche Denken etabliert.

Die amerikanische feministische Theologin Rosemary Redford Ruether hat das mal so beschrieben: männliches Denken hat sich zuerst einmal einen Geist/einen Gott dort draußen irgendwo fern im All über den Wolken hinausprojiziert/hinaus ent-worfen, und dann hat es alle Anstrengung darauf gerichtet, sich diesem außerirdischen/unirdischen Geist würdig zu erweisen, diesem Phantom nachzueifern, die geistigen Konstruktionen möglichst Erden- und Materie-fern zu gestalten. (Auch hier eine der zahlreichen Umkehrungen, die patriarchaler Mythos aufweist: nach dem Sündenfall werden die Menschen aus dem Paradies in die harte Realität eines Lebens auf dieser Erde geschleudert. Der Sündenfall patriarchalen Denkens hingegen bestand genau umgekehrt darin, daß es die Bedingungen und die Realität dieser Erde für zweitrangig oder gar irrelevant erklärte, und Mann sich in ein Reich des ‚reinen' Geistes, *sein* Paradies, flüchtete, in dem irdische Bedingungen nicht gelten sollten.)

Was wir heute erleben, die Gefährdung alles Lebendigen in dieser Welt, wurde also schon vor langer Zeit im männlichen Denken angelegt, schon vor rund 3000 Jahren. (Doch was, wiederum, sind 3000 Jahre, wenn wir bedenken, daß heute im Nahen Osten weibliche sakrale Figuren ausgegraben werden, deren Alter auf 25 000 Jahre geschätzt wird ...)

Doch *warum* kamen die Denker, als sie begannen, die menschliche Situation in großen Gedankengebäuden zu beschreiben, so einmütig zu Vorstellungen, die von dieser Erde wegweisen, vom Plato'schen Höhlengleichnis bis zum Sartre'schen Nichts?

Der Haß auf die Materie*

Ich meine: *Die Männer haben diese Erde wohl nie richtig leiden können.* Und sie haben wohl stets als die größte Kränkung empfunden, daß sie sterblich sind, daß sie sterben müssen. Als eine ontologische (Seins-bestimmende) Kränkung: sterben zu müssen, ohne irgend etwas vom *eigenen* Körper auf dieser Welt zurücklassen zu können (was sie den Frauen so neideten)! Dann doch gleich den Körper, das Körperliche, die Materie für nichtig erklären und den reinen körperlosen Geist für das Eigentliche. Sie haben die Erde wohl nie richtig leiden können, und deshalb wollten sie auch nicht *an* ihr leiden, wollten die Bedingungen irdischen Lebens nicht *er*leiden. Sie haben ihr Denken immer darauf gerichtet, den Tod zu überwinden, Unsterblichkeit zu erlangen, und das eben nicht nur in Form von weltlichem Ruhm, sondern auch in der Teilhabe an ‚dem Geist', – Unsterblichkeit im Geiste also.

Und da sie die Bedingungen von Werden und Vergehen auf dieser Erde nicht akzeptieren konnten und damit alles irdische Leben niedrig einschätzten, wurde ihr Denken selbst tödlich! Das zeigt sich in der uns bekannten Geschichte im ständigen Blutvergießen unter den Völkern, in der Verfolgung und Ausrottung ganzer Menschengruppen auf dieser Erde (vor allem Gruppen mit anderem Naturverständnis, wie die Weisen Frauen und die Indianer), und in der konstanten Mißachtung alles Lebendigen, das sich selbst nicht schützen kann.

Daß heute nun *alles* Leben auf diesem Planeten auf dem Spiel steht liegt vielleicht daran: als die Menschen noch mit ihren eigenen Händen an der Materie arbeiten mußten, stellte die Materie die Bedingungen. Die Materie war das Gegenüber für Bauern, Handwerker, Holzfäller, Bergleute, Fischer usw. Den begrenzten physischen Kräften der Menschen standen die unbegrenzten Kräfte der Materie gegenüber. Dem mußten sich die Männer wohl oder übel unterwerfen, doch sie taten es zähneknirschend, immer darauf aus, auch diesen ‚Feind' auf jede mögliche Art niederzuringen. Sie sahen nicht, daß sie eine Freundin vor sich hatten, von der auch sie ihre Lebensenergie beziehen, ohne die sie nicht existieren können, Geist hin oder her.

Erst in jüngster Zeit, wo alle Arbeit, selbst die bäuerliche, abgehoben und maschinell passiert, wo Tiere nur noch als Ertragsfaktor statt als Lebewesen zählen**, wo Fruchtbarkeit der Erde nicht mehr durch menschliches Mitdenken, geduldiges Beobachten und Einfühlen gefördert wird, sondern durch tonnenweise Chemie, wo die Grunderfahrung des Menschen, daß Wachstum seine Zeit und sein Maß hat, vergessen ist, kommt das tödliche Denken zu seiner letzten Konsequenz. Ihr Selbsterhaltungsinstinkt

* Das Wort „Materie" leitet sich vom lateinischen „mater" = Mutter her!

** Als 1 GVE (eine Großvieh-Einheit) wird heute eine Kuh in der landwirtschaftlichen Rentabilitätsrechnung geführt.

scheint in dem Maße abgenommen zu haben, in dem sie sich vom direkten Kontakt mit der Materie entfernten. Heute scheint er auf Null gesunken.

Entwicklungen vollziehen sich allmählich. Anfangs hatten sie wohl noch soviel Einfühlung aus vorpatriarchaler Zeit hinübergerettet, daß sie sich zusammen mit ihrem Geist eine strafende Vatergestalt erschufen, die Gebote erließ, moralische Vorschriften, in denen die alte Erfahrung von der Liebe und der Macht der Materie wenigstens noch teilweise wirksam waren, und mit denen sie sich dann äußerst notdürftig selbst im Zaum hielten. Erst als sie diesen Selbsterschaffenen dann auch noch peu à peu verdrängten, war kein Bremsen mehr. Dieser Verdrängungsvorgang wurde, allerdings ohne die Todeskonsequenz, in der patriarchalen Wissenschaft in vielen Abhandlungen beschrieben, natürlich mit einem anderen Vokabular und unter anderen Vorzeichen. Dort wird diese Entwicklung stets als ein entscheidender, historisch datierbarer Bruch dargestellt, entweder als sündhafte Abkehr von einer realen höheren Autorität oder als ‚Befreiung des Geistes' von abergläubischen Fesseln, als ‚Autonomisierung der Vernunft'. Wir jedoch können in dem Ganzen keinen Bruch erkennen, wir sehen vielmehr eine konsequente Entwicklung aus einer bereits gefährlichen Ausgangsposition, die nun ein Endstadium erreicht hat, in dem es nur noch um Leben oder Tod aller geht. Einzig die Neue Physik stellt heute mit ihren Erkenntnissen auch die Strukturen des Denkens selbst in Frage, doch die auf dieser Basis Philosophierenden sprechen natürlich vom (unzulänglichen, fehlgeleiteten etc.) ‚menschlichen' Denken, wo es sich doch in Wahrheit um ein die Hälfte der Menschheit ausschließendes Denken handelt.

Berührungsängste

Als wir im Verlauf unserer feministischen Reise erkannten, daß männliches Denken erstens uns feindlich und zweitens generell todesgerichtet ist, haben wir für uns lebensrettend reagiert: Wir wollten und wollen mit dieser Art von Denken nichts, aber auch gar nichts mehr zu tun haben.

Doch damit ist uns vielleicht das Denken überhaupt ein bißchen abhanden gekommen. Für uns war denken – getreu dem patriarchalen Muster, und wir hatten nichts anderes gelernt – von den Begriffen ‚logisch', ‚abstrakt', ‚objektiv' besetzt, und wir sahen, wie hohl und gefährlich sie sind. Wir finden hinter angeblich ‚objektiven' Urteilen die größte Parteilichkeit, wir entdecken in angeblich ‚logischen' Aussagen die Vorurteile und irrationalen Strukturen. Wir durchschauen die große Lüge des Patriarchats, die Lüge ihrer scheinbar so ‚neutralen', ‚wertfreien' Denkformen, ihrer scheinbar unangreifbaren ‚Wissenschaftlichkeit'. Diese patriarchale Wissenschaftlichkeit hat Mary Daly in ihrem Buch „Gyn/Ökologie" endgültig ad absurdum geführt.

Wir können nun das herrschende Denken als das sehen, was es ist: einseitig und in höchstem Grade lebensfeindlich, lebensbedrohend. Wir setzen dem entgegen, was wir als lebensfreundlich, als das ‚unsere' empfinden, unser Gefühl: wir reagierten ‚aus dem Bauch', wir setzten auf unsere Intuition, unsere Fähigkeiten der Anempfindung, unsere Identifikation mit dem Leben, mit der Natur, mit allem Lebendigen, das uns umgibt. Wir setzen auf unseren Körper, auf unsere Ganzheit.

Und das war gut so. Es war – und ist nach wie vor – wichtig, daß wir uns all das bewußt wiedergeholt haben, was sie mit ihren sterilen Denkformen, die sie auch uns aufgezwungen hatten, ausklammern. Es ist ganz wichtig, daß wir ständig erleben, wie viele Formen von Erkennen es gibt, die sich nicht ‚über Hirn' vollziehen.

Doch – schwingt da bei uns nicht unbewußt immer noch das Wörtchen ‚nur' mit? Das ist ‚nur' intuitiv, ‚nur' gefühlsmäßig, nur ... nur ... nur ... Ist die Gewalt des männlichen Geistes so groß, daß wir immer noch vor ihm zurückweichen? Wir haben uns in das problematische Wort ‚Spiritualität'* geflüchtet – aber wir lassen *den* Geist *den* Männern, voller Abwehr, ohne zu untersuchen, ob wir nicht ein Gegenstück dazu hätten.

Natürlich ist das, was wir unter Spiritualität begreifen, ein solches Gegenstück, eine Gegenwelt. Doch wenn wir uns in die Dinge dieser Welt, wie sie nun einmal nach patriarchalem Muster konstruiert sind, einmischen und sie zum besseren wenden wollen – und viele von uns wollen das – dann brauchen wir noch etwas anderes. Unsere neuen ‚spirituellen' Erkenntnisformen sind uns zu kostbar, als daß wir sie in der alltäglichen Auseinandersetzung verschleißen (eine Hexe weiß, wann sie zu schweigen hat), und wir würden auch nicht verstanden, höchstens ausgelacht (der platteste Fluchtweg des Patriarchats). Wir brauchen also auch eine argumentative Ebene, – um etwas zu bewegen, um uns anderen mitzuteilen, um dem Erkannten Formen zu geben, Sprache, die auch Fernerstehende verstehen können. *Und dies muß nicht nach den Mustern patriarchalen Denkens verlaufen,* wie manche meinen.

Ich benutze ungern militärische Ausdrücke, doch hier fällt mir nichts anderes ein: Viele von uns sind bisher defensiv vorgegangen, haben eine Gegenwelt aufgebaut, und das war überlebenswichtig, denn wir brauchten und brauchen diese unsere ureigenen Bilder, unsere neuen Bilder, aus ihnen schöpfen wir unsere Kraft. (Mir erscheint es sowieso wie ein Wunder, daß wir uns – nach 3000 Jahren Patriarchat – in knapp zwei Jahrzehnten so viel erarbeiten konnten, – vor allem, da wir ja nach wie vor in diesen Zusammenhängen leben und dabei geistig gegen den Strom schwimmen müssen.) Doch es ist höchste Zeit, meine ich, daß wir offensiv werden. Nachdem wir uns unseren Körper zurückgewonnen haben und dabei sind, unse-

* zu Spiritualität einige Bemerkungen am Ende dieses Kapitels

re Seele von Fremdbildern zu befreien, sollten wir nun erkennen, wie sehr sie uns auch das Denken gestohlen haben und verkommen ließen, genau wie die Natur und alles andere. Wir müssen keine Angst mehr davor haben, daß wir uns, wenn wir uns auf die argumentative Ebene begeben, damit auch patriarchaler Denkformen bedienen (und damit unsere Innenweltverschmutzung zulassen) müssen. Ich meine, wir *haben* bereits unsere argumentative Ebene, also unsere eigene Art zu begründen, und haben sie immer gehabt. Man hat sie uns durch Jahrhunderte mit „unlogisch!", „Gehört nicht zur Sache!", „Hat doch nichts miteinander zu tun!" und weiteren schönen Sprüchen madig gemacht.

Im geistigen Bereich war unser Ausschluß am totalsten. Haben sie Angst, wir könnten mit der Art, wie wir die Dinge sehen, ihre wunderbaren geistigen Konstruktionen zum Einsturz bringen? Unsere Gebärmacht ängstigt sie zwar auch, doch der Vorgang ist zur Erhaltung der Menschheit notwendig, sie müssen ihn dann eben unter Kontrolle halten (und zugleich intensiv an Methoden zur künstlichen Entwicklung menschlichen Lebens arbeiten ...)

Was sie wirklich fürchten, ist jedoch unsere geistige Kreativität, unser anderes Denken, – und deshalb haben sie uns den Weg zum Geist versperrt, da brauchten sie uns nicht, das, meinten sie, konnten sie ohne uns ... Sie verwehrten uns den Zugang zum Geist/zum Geistigen und damit zum Sakralen/zum Geistlichen, das früher unser ureigenster Bereich war. Sie schafften diesen unseren Ausschluß mit einem üblen Trick: *ihr* Geist, also *der* Geist als solcher, sei rein, sagten sie, Körperliches jedoch, da von der Erde her kommend und zum Verfall bestimmt, sei schmutzig (deshalb beschmutzen sie die Erde heute zu Tode) – und wir Frauen seien eben in erster Linie Körper und daher unrein und hätten in der Nähe von Geist und vor allem von Sakralem nichts zu suchen ...*

Was sie wirklich fürchten, ist unser anderes Denken.

* Ein Musterbeispiel der üblichen patriarchalen Doppelargumentation: erstens funktional-biologisch, nämlich: Euer Gehirn reicht nicht aus, und zweitens die Überhöhung ins Metaphysische (was als moralische Seins-Kategorie gewertet wird): Ihr seid unrein, der Geist ist rein.

Quellen und Hinweise:

Sophia: A. T. Sprüche 8

Isis-Aretalogie von Kyme: abgedruckt in Johannes Leipoldt und Walter Grundmann, Hsg.: „Umwelt des Urchristentums", Bd. II Texte

Rosemary Redford-Ruether: Diese Gedanken habe ich aus einem ihrer Vorträge aus den siebziger Jahren exzerpiert, in ihren Büchern leider nicht wiederfinden können (ist eine Frage des Suchens) – sorry!

Ein klassisches Beispiel für eine Darstellung eines angenommenen historisch datierbaren Bruchs im abendländischen Denken sind die (im übrigen sehr fundierten) Aufsätze von Max Weber zum Thema „Die protestantische Ethik und der Geist des Kapitalismus".

Spiritualität ist kein Wort der deutschen Umgangssprache. Wir haben es von amerikanischen Feministinnen übernommen, die es im Sinne von Frauen-Denken „women's spirituality" verwenden. Im Englischen ist der Begriff umgangssprachlich und hat einen großen Bedeutungsspielraum; er steht im weitesten Sinne für Geistigkeit, das Geistige. Das Wort „spirit" deckt viele Aspekte unseres Wortes „Geist" ab und hat zusätzliche Bedeutungen („spirited" zum Beispiel heißt: lebendig, lebhaft, munter, feurig).

Im Deutschen hingegen wird das Wort „Spiritualität" oft mißverstanden, wird zum Beispiel mit „Spiritismus" verwechselt. Wir können es zwar als Chiffre unter uns verwenden, doch außerhalb eines engen Zirkels wird es nicht verstanden. Lexikalisch hat „Spiritualität" eine viel engere Bedeutung als das englische „spirituality", denn für viele Aspekte von „spirituality" haben wir eben das Wort „Geist" mit Ableitungen wie „Geistiges", „Geistliches". Der Große Brockhaus kennt „Spiritualität" nur als Begriff der „katholischen Theologie: christliche Frömmigkeit" ... „personale Aneignung der Heilsbotschaft". Im Knaur gibt es „Spiritualität" gar nicht, sondern nur „Spiritualismus" als „philosophische Lehre, daß das Körperliche nur eine Erscheinungsform der Geistigen" sei. Im Philosophischen Wörterbuch (Kröner) steht „Spiritualität" für „Geistigkeit; Gegensatz: Materialität, Körperlichkeit", – also genau der Gegensatz Geist-Körper, den Feministinnen vermeiden wollen. In den theologischen Diskussionen des diesjährigen Katholikentags fiel das Wort „Spiritualität" häufig, und zwar im Sinne von Frömmigkeit; es ist bei uns weitgehend kirchlich besetzt.

Doch auch amerikanische Feministinnen sind neuerdings mit dem Begriff nicht mehr ganz zufrieden, suchen Neues. Ich meine, wir sollten uns etwas in Richtung Frauenphilosophie, Frauendenken überlegen – nachdem Philosophie und Denken bei uns übliche und bisher eindeutig männlich bestimmte Wörter sind.

Frauen denken anders

Ich behaupte also: Frauen denken anders. Es ist mir klar, wieviele Fragen (und Widerstände) ich heraufbeschwöre, wenn ich auf diesem angeblich geschlechtsneutralen Feld eine solche Behauptung aufstelle. Ich stütze sie nicht auf Theorien oder Spekulationen, sondern auf lebenslange Beobachtung und Erfahrung. Ich weiß, daß die meisten Frauen immer das Gefühl hatten und haben: ‚irgendwie' denke ich anders! Ich hoffe, daß sich, wenn ich meine Erfahrungen beschreibe, viele Frauen darin wiederfinden können.

Wo habe ich diese Erfahrungen gesammelt? Im Beruf, beispielsweise, in endlosen Konferenzen. In Konferenzen, in denen ich als einzige Frau unter Männern saß und oft vor Ungeduld und (geistiger) Verzweiflung zu platzen drohte, angesichts ihrer endlosen Argumentationen, die sich im Kreise drehten, die von irgendwelchen ‚Prinzipien' und/oder dem Bedürfnis zur ausführlichen Selbstdarstellung geleitet waren, das Wesentliche aber außen vor ließen. In Konferenzen, in denen ich mit anderen Frauen und mit Männern zusammensaß, und wo wir Frauen übten, uns die Bälle zuzuspielen, um so die Sache, um die es uns ging, zu erreichen. Ich erlebte es in langen Jahren kommunalpolitischer Arbeit, wo ich den Wahnsinn des bürokratischen, des juristisch-verwaltungstechnischen, des als Parteimeinung verbrämten egoistischen Denkens kennenlernte (und mich das kalte Entsetzen packte, in welchem Ausmaß dieses lebensferne Denken die Bedingungen des Alltagslebens jeder/s Bürger/in/s bestimmt), und zugleich immer wieder feststellte, daß die Argumente der (wenigen) Frauen stets viel näher an der Sache waren. Ich sprach mit Arbeiterinnen, die zum ersten Mal in den Betriebsrat gewählt worden waren, und mit Universitäts-Frauen, die sich mit wissenschaftlichen Gremien herumschlagen mußten, – sie teilten den gleichen Frust. Ich erlebe auf Schritt und Tritt – von der Sachbearbeiterin im Finanzamt bis zur Angestellten in der Reinigung – wie Frauen Sachverhalte und Situationen schneller erfassen, wie sie angemessener reagieren können. Und in reinen Frauengruppen erlebe ich, wie angenehm sachlich, ohne das ganze Brimborium, wie fröhlich und kreativ Frauen miteinander arbeiten können.

Ein besonders ergreifendes Beispiel war für mich die erste Ministerin der

Bundesrepublik, Elisabeth Schwarzhaupt, Gesundheitsministerin seit 1962. (Sie hatte in den zwanziger Jahren Jura studiert, sich vor 1933 wiederholt öffentlich gegen die Nazis geäußert, der Staatsdienst war ihr verschlossen, sie konnte dann bei der Kirche unterkommen.) Ich führte mit ihr, als sie schon über siebzig und lange pensioniert war, ein ausführliches Gespräch für eine Radiosendung und fragte sie unter anderem, wie sie sich denn im Kabinett Adenauer als einzige Frau unter lauter Männern gefühlt hätte. Die alte Dame, die sehr wohl in der Lage ist, ‚wie ein Mann' zu denken, sagte: „Ich kam mir eigentlich vor wie in einem fremden Land." Vermutlich ohne es zu wissen benutzte sie eine Formulierung Virginia Woolfs und bestätigte die alte Erfahrung der Frauen von einem anderen Denken. Sie konnte eben mehr, als nur ‚wie ein Mann' zu denken ...

Frauen denken anders, behaupte ich also, und bin mir dabei der Zustimmung vieler Schwestern sicher. Ich will hier nicht darüber spekulieren, woher unser anderes Denken kommen könnte (darüber steht einiges im Anhang), – ich versuche erstmal darzustellen, was ich überhaupt darunter verstehe, möchte an einigen Beispielen zeigen, *wie* wir anders denken, wie wir anders denken *wollen:*

Folgerichtig statt ‚logisch'

Mann hat gesagt, Frauen können nicht logisch denken –

ich will auch nicht in diesem Sinne ‚logisch' denken, wenn logisch denken, wie die patriarchale Praxis zeigt, in letzter Konsequenz heißt, die Erde in ihren Untergang zu treiben und alles tödlich enden zu lassen.

Ich setze dagegen: *folgerichtig denken* –

das heißt: wir bedenken die Folgen, wir machen keine Denkoperationen im luftleeren Raum, wir denken nicht in abstrakten Gedankenabfolgen darauf los, ins Leere. Für uns steht nicht der Denkvorgang als solcher im Mittelpunkt (und wie raffiniert, wie elegant, wie clever, wie betörend, wie cool die Gedanken geführt wurden zum Ruhme dessen, der da denkt), für uns steht im Mittelpunkt, *was* wir zu bedenken haben. *Wir bedenken die Folgen,* und zugleich sehen wir uns selbst und unsere Situation als Folgen von Ursachen, die wir untersuchen, wir denken also auch in der umgekehrten Richtung folgerichtig.

Ein eindrucksvolles Beispiel erlebte ich in einer Fernsehsendung: ein Kamerateam war dabei, wie zwei Familien mit Kindern drei Tage lang in dem gemeinsam gebauten Atombunker den Ernstfall probten – ganz normale Durchschnittsbürger, der ältere Mann Lehrer an einer Polizeischule. Seine Frau hatte während der ganzen Sendung kaum den Mund aufgemacht, am Schluß, nachdem alle den Bunker wieder verlassen hatten, wurde sie gefragt, was sie empfunden habe. Sie sagte, sie habe immer daran denken müssen, daß sie ja im Ernstfall wahrscheinlich nicht alle beisammen sein würden, und daß sie sich dann die grausigsten Gedanken über das Schicksal der Familienmitglieder machen würde, die draußen geblieben seien, und dann hätte sie überhaupt an all die Menschen denken müssen, die da draußen seien und wie sie es wohl vorfinden würde, wenn sie wieder herauskäme, und eigentlich würde sie deshalb im Ernstfall gar nicht in den Bunker gehen wollen ... Ihr Mann, befragt, ob er das auch so empfinde, sagte: „Ich will mich da gar nicht erst so reinsteigern!" Da sagte sie ganz ruhig: „Ich steigere mich gar nicht in etwas rein. Ich denke nur, was ist." ‚Nur' denken, was ist, was sein wird, – das ist folgerichtig denken ...

Unterscheiden statt ‚analytisch'

Mann hat auch gesagt, wir könnten nicht *analytisch* denken, nicht analysieren.

Ich will auch nicht in diesem Sinne analysieren, wenn das, wie die patriarchale Praxis zeigt, heißt: die Dinge bis ins kleinste Detail zerfieseln und dabei die Gesamtzusammenhänge aus den Augen verlieren.

Ich setze dagegen: wir *unterscheiden* – und dazu gehört auch: wir scheiden.

Wir sagen zum Beispiel nicht mehr, wie in der ersten Begeisterung unseres Bewußtwerdungsprozesses: alle Frauen sind schön, alle Frauen sind gut. Wir stellen die Frage nach der Integrität und nach den gleichen Zielen. Das bedeutet nicht etwa Zersplitterung, sondern Konzentration unserer Kräfte, da wir sie nicht mehr in allgemeiner Fraueneuphorie gegen alles Patriarchale generell richten, da wir unsere – o wie berechtigte – Wut nicht mehr in diffusen Rundumschlägen, sondern gebündelt einsetzen, da wir unsere Energien – unterscheidend – zusammen mit gleichgesinnten Schwestern auf das naheliegendste wichtigste Ziel lenken können, jede Einzelne dahin, wo ihre Kräfte am wirksamsten sind. Das heißt auch nicht Vereinzelung, doch, um es an dieser Stelle noch einmal zu wiederholen: wir sind keine monolithische Bewegung mit einem Programm oder Dogma, keine Bewegung mit Vorschriften, die keine übertreten darf. Wir sind keine „neue soziale Bewegung" (wie uns Politologen einordnen wollen), keine Bewegung im Sinne einer politischen Partei – vielleicht ist gerade deshalb unsere im wahren Sinne ‚politische' Wirkung umso größer. *Wir sind die Hälfte der Menschheit* und unsere Rasse-, Klassen-, Nationalitäten-übergreifende Gemeinsamkeit ist: *Wir sind für das Leben.* Von daher denken und unterscheiden wir.

Das klingt banal und umfaßt doch alles. Für Politiker – und jeden anderen patriarchalen Würdenträger – klingt das banal, weil sie alle, befragt, beteuern würden, wie sehr sie doch für das Leben seien. Doch ist für sie ‚Leben' nicht *der* Orientierungspunkt schlechthin, für sie ist das *ein* Begriff unter anderen, und mehr oder weniger leer. ‚Leben' kommt bei ihnen sogar noch hinter anderen Begriffen, beispielsweise hinter dem Begriff ‚Freiheit': „Leben ist nur in Freiheit lebenswert!" sagen sie – was immer sie unter Freiheit verstehen mögen. (Die Freiheit des zigfachen Overkills, beispielsweise.)

Wir erkennen mit unserem unterscheidenden Denken hinter all ihren Parolen: Leben ist für sie *kein* zentraler Begriff, der vor allen anderen rangiert. Sie würden sonst den Schutz des Lebens, das Recht auf Leben, nicht nur dann im Munde führen, wenn sie von Abtreibung reden. Sie müßten sonst seit vielen Jahren genauso offiziell und mit den gleichen moralischen Drohungen gegen alle Verstümmelungen der Natur, gegen alle Tierquälereien in Forschung und Produktion zu Felde ziehen – das tun sie nicht – und gegen den Hunger der Dritten Welt und gegen Aufrüstung ... und ... und ...

Wir untersuchten in einer Frauengruppe die 1979 verfaßte ‚Gemeinsame Erklärung des Rates der Evangelischen Kirche in Deutschland und der Deutschen Bischofskonferenz' mit dem Titel: „Grundwerte und Gottes Gebot", und zwar den Kommentar zum 5. Gebot: „Du sollst nicht töten." Dort werden der Abtreibung 18 Zeilen gewidmet, sie wird streng verurteilt und als „Schuld vor Gott" bezeichnet. Völkermord hingegen wird mit nur fünf Zeilen abgetan: man solle für Ordnungen eintreten, „die Tötungen im Kriege oder im Rechtswesen *vermeiden helfen*". „*Manche* Christen" würden das 5. Gebot dahingehend interpretieren, daß sie Krieg und Wehrdienst unter allen Umständen ablehnen ... Dieser Verteilung der Gewichte ist wohl nichts mehr hinzuzufügen.

1981 wies die Staatsanwaltschaft in Berlin die Klage der Eltern von im Mutterleib durch Duogynon geschädigten Kindern gegen die Herstellerfirma mit der Begründung ab, menschliches Leben beginne erst *nach* der Geburt. Die katholische Kirche, die sonst ihre Ansicht, daß menschliches Leben mit der Empfängnis beginnt, sehr offensiv vertritt, schwieg dazu. Ich fragte bei der Deutschen Bischofskonferenz nach und erhielt von dem auskunftsermächtigten Juristen die Antwort, die Kirche werde sich zu diesem Urteil nicht äußern. Hier sei eine Lücke im Gesetz, die nur über das Parlament geschlossen werden könne. – Also nur, wenn Frauen über ihren Körper und die Möglichkeiten neuen Lebens selbst entscheiden wollen, bekommt das ungeborene Leben für die Kirche einen Eigenwert, nicht aber, wenn die chemische Industrie es nachweislich geschädigt hat und damit auch den Körper der Mutter und ihr ganzes Leben, das von nun an Sorge für ein behindertes Kind heißt.

Nein, sie sind nicht für den Schutz des Lebens. Im Patriarchat geht es darum, *wer* über Leben *bestimmen* darf (und im Fall des ungeborenen sollen das Priester, Ärzte, Juristen sein – oder auch die chemische Industrie –

aber auf gar keinen Fall die Frauen, die dieses Leben gebären können).

Nach unserem unterscheidenden Denken jedoch ist Leben kein ‚Begriff', mit dem juristische oder theologische Denkspiele getrieben werden können. Für uns ist Leben der Oberbegriff schlechthin.

Für uns heißt Leben: keine Gewalt.

Für uns heißt Leben nicht: Macht *über* ... (andere Menschen, andere Lebewesen, Dinge), sondern Macht *in* uns, Macht des Sei-ens (Mary Daly: Power of being), Macht der Anwesenheit (Power of presence), und das ist eine ganz andere Form von Macht, nämlich eine sich einordnende Kraft, eine Kraft, die uns erkennen läßt, wo unser Platz im Geflecht des Lebens auf diesem Planeten ist, wo wir nützen, wo wir schaden. Es ist die Kraft, „Schaden abzuwenden", wie es im Amtseid des Bundeskanzlers heißt.

Unsere Art zu unterscheiden, ist kein formales Denktraining, sie geht *qualitativ* (und damit radikal vor): was gehört zum Leben, was ist lebenszerstörend?

Doch könnten wir heute dazu neigen – entfremdet wie wir sind, und im Gegensatz zu unseren matriarchalen Vorschwestern – Leben und ebenso Natur zu romantisch zu sehen, in einer Art rückgewandter Heile-Welt-Verklärung. Natur ist nicht ‚von Natur aus' im menschlichen Sinne heil und gut. Es geht auch um den Tod, den die patriarchale Kultur im Alltag so erfolgreich verdrängt und dafür mit ihren technischen und kulturellen Hervorbringungen unablässig anbetet. Wenn unser Maßstab Leben ist, müssen wir den Tod dazunehmen, müssen uns wieder sehr deutlich klarmachen: Tod, Sterben, gehört zum Leben, Sterben ist ein *organischer* Vorgang, Tod ist dem Leben nicht feindlich, sondern ein Übergang; in der matriarchalen Mythologie gibt es keine Todesgöttin, sondern die Tod-im-Leben-Göttin. Zerstörung aber, Verwüstung, Ausbeutung, Vergiftung, also Sterben als *gewaltsam* von Menschen herbeigeführter Vorgang, ist dem Leben feindlich. Das ist unsere Art zu unterscheiden.

An der Sache orientiert statt ‚objektiv'

Mann hat gesagt, Frauen können nicht objektiv sein.

Ich will auch nicht in diesem Sinne objektiv sein, wenn das, wie die patriarchale Praxis zeigt, heißt: eine Sache innerlich möglichst unbeteiligt, nach irgendwelchen von außen vorgegebenen Maßstäben zu beurteilen.

Objektivität ist für patriarchales Denken einer der höchsten Maßstäbe. Das hat praktische Auswirkungen für uns alle. Im Bereich der gehobenen kommunalen Verwaltungen beispielsweise sind 90 % der Beamten Juristen. Gesetze und Vorschriften ‚objektiv' richtig auslegen zu können, ist ihre wichtigste Berufsvoraussetzung – nicht erwünscht ist, daß sie etwa bei Entscheidungen über Straßen, Wasser, Baulandausweisungen, Massenverkehrsmittel Phantasie entwickeln, was diese für Menschen und Umwelt bedeuten könnten. (Das wäre ja ‚subjektiv' und also ganz und gar pfui!) So werden zum Beispiel bei strittigen Sachfragen, auf welchem Gebiet auch immer, ‚Experten'-Gutachten eingeholt und dann (schon weil sie so viel Geld gekostet haben) grundsätzlich als ‚objektiv' gewertet, obgleich sie mit Sachgerechtigkeit oder Rechten (z. B. Recht der Bürger auf eine von anderen als wirtschaftlichen Kriterien bestimmte Planung) meist nicht das geringste zu tun haben.

Das war schon vor 500 Jahren so Als einer der Verfasser des „Hexenhammers" im Bistum Brixen, Tirol, mit Hexenverfolgungen begann, entstand Unruhe in der Bevölkerung. Auf dem Landtag 1487 beklagten sich die Tiroler Landesstände bitter bei ihrem Landesherrn über Einkerkerungen und Folterungen. Erzherzog Sigmund, der für die Verfolgungen war, gab, um sich ‚objektiv' abzusichern, ein Gutachten bei dem Doctor des kanonischen Rechts, Ulrich Molitoris, in Auftrag. Der begründete dann mit juristischer Schärfe die Nichtigkeit jeden Hexenglaubens, kam jedoch zu dem Schluß, daß „dergleichen bösen Weiber nichtsdestoweniger deshalb, weil sie von Gott abfallen und mit dem Teufel ein Bündnis eingehen, wegen ketzerischer Bosheit mit dem Tode bestraft werden" ...

Wir stellen dieser patriarchalen ‚Objektivität' gegenüber: *an der Sache orientiert denken*, die Sache, um die es geht, sehen, sie von allen Seiten beurteilen *im Interesse der Zusammenhänge,* die sie mit anderen Dingen hat (und nicht im Interesse von Parteien oder Ideologien). Mit einem solchen Denken hätte es mit der Zerstörung unserer Umwelt, mit der Zerstörung der lebendigen Natur, nie so weit kommen können, wie es heute gekommen ist.

‚Objektivität' und ihre Folgen, nur ein Beispiel von unzähligen: Aufgrund von – natürlich ‚objektiven' – Rentabilitätsgutachten legt die Bundesbahn 1983/84 viele Eisenbahnstrecken still und setzt dafür Omnibusse ein (und Laster für den Güterverkehr) – zu einer Zeit, wo überall, selbst in der Regierung, die dringende Notwendigkeit, Autoabgase zu reduzieren, erkannt wird!

An der Sache orientiert und die Folgen: Melitta Walter, Bundesvorsitzende von Pro Familia, sagte in einer Fernsehdiskussion zum Thema § 218 zu Minister Geissler, der, während sie auf seine vorangegangenen Auslassungen antwortete, abwesend in seinen Akten blätterte: „Bitte, sehen Sie mich doch an, Herr Geissler, wenn ich mit Ihnen spreche!" (Er schaute sie dann auch leicht gequält an, mußte aber immer wieder den Blick abwenden und erinnerte mich sehr an meinen Dackel, wenn der was ausgefressen hatte!) Melitta Walter konnte eine solche Aufforderung, wie sie noch nie öffentlich im Fernsehen an einen Minister ergangen war, deshalb aussprechen, weil sie ganz an der Sache orientiert dachte und all ihre Kraft dafür einsetzte, ihre Argumente – mit denen sie für alle ratsuchenden Frauen und für die Pro-Familia-Mitarbeiterinnen sprach – wirklich an den Menschen/an die Menschen zu bringen. Damit unterschied sie sich grundlegend von jener routinierten Vorführung sattsam bekannter Standpunkte oder von den hohl-moralisch appellierenden Monologen, wie wir sie aus einer Unzahl von gähnfördernden Politdiskussionen kennen. Die subjektive Aufforderung: Sehen Sie mich an! war ein Politikum höchsten Grades: sie entlarvte, wie wenig dem Angesprochenen an einem wirklichen Gespräch, am Austausch von Meinungen gelegen war. Dieser überraschende Satz, der alle Konvention sprengte, machte Verhaltensmuster durchsichtig; es war eindeutig, wer hier wirklich an der Sache engagiert war. Anderes Denken führt zu anderem Verhalten. Anderes Verhalten macht Veränderungen möglich.

Diese unsere Denkformen – folgerichtig, unterscheidend, an der Sache orientiert – sind auch moralische Maßstäbe. Das klingt vielleicht zunächst verblüffend, weil wir gewohnt sind, Moral als Gesetz für das Handeln des Individuums zu sehen. So wird sie im Patriarchat aufgefaßt. Im Gegensatz dazu ist Moral, wie sie sich in diesen Denkformen äußert, kein starres Gesetz von außen, sondern *eine immanente, eine innewohnende Vernunft!* Nach dem etymologischen Wörterbuch leitet sich das Wort Vernunft vom althochdeutschen *firnunft* her: „Tätigkeit des Vernehmens, *sinnliche Wahrnehmung,* Verständnis, Einsicht." Vernunft hat also mit „vernehmen" zu tun, und das kommt vom althochdeutschen *firneman* = „erfassen, erfahren, hören, begreifen". Vernunft wäre also eine *Tätigkeit*, ein Tätigkeitswort in der Bedeutung von hören, sich eindenken, wahrnehmen – und nicht, wie bei den späteren patriarchalen Philosophen, ein im abstrakten Bereich des Geistes angesiedeltes Höheres, ‚die höhere Vernunft', ‚die göttliche Vernunft', an der der Mensch (Mann) kraft seiner Sonderstellung teilhat. Vernunft als Tätigkeitswort, als Verbum, ist bewußtes sinnliches Wahrnehmen unseres Platzes in der Schöpfung, bedeutet, sich *bewußt* in das uns umgebende Geflecht allen Lebens einzuordnen.

Zu unserer Art zu denken gehört auch, daß wir gedankliche Trennungen aufheben, die wir als künstliche Trennungen erkennen: So heißt *folgerichtig denken:* eines aus dem anderen entwickeln – statt Gewesenes als überholt zu verwerfen und stets nach Neuem, nach dem sensationellen Gedankenkitzel zu gieren, wie der kurzatmige etablierte Kulturbetrieb beispielsweise, wo alle mit hängender Zunge hinter noch ungeborenen Phantomen herjagen und das, was sie gestern noch hochlobten, heute als den Schnee von vor hundert Jahren verachten. – So heißt *an der Sache orientiert denken:* sie im Zusammenhang mit anderen Sachverhalten zu sehen, statt dort, wo keine sind, Gegensätze zu konstruieren, um den Wert des eigenen Standpunkts hervorzuheben. Wenn ein christlich-sozialer Minister den Umweltschutz entdeckt, so muß er seinen Argumenten einen völlig anderen Anstrich verleihen – etwa einen staatsmännischen, einen moralischen, einen ‚unhysterischen' –, damit ihn ja niemand mit dem Naturschützer, der seit Jahren – und seit Jahren verlacht – das Gleiche gesagt hat, in einen Topf werfen könnte. – So heißt *unterscheiden* nicht, unvereinbare Gegensätze schaffen, sondern eine qualitative Wertung, eine Gewichtung vornehmen.

Weg mit der zentralen Stützkonserve!

Abendländisches Denken ist traditionell bestimmt vom Denken in Dualismen, in Gegensätzen: gut/böse, heilig/profan, Freund/Feind, Frau/Mann, Körper/Seele, Materie/Geist, schön/häßlich undsoweiter. Mit der bewußten Weigerung, diesen Denkstil weiter fortzusetzen, rütteln wir an den Grundfesten. Zum Beispiel an einem der klassischen Gesetze der Logik, dem „Satz vom ausgeschlossenen Dritten". Er findet sich in der Natur zwar nirgends vor, wurde von der abendländischen Geisteswissenschaft jedoch als Gesetz des menschlichen Denkens und zugleich als Naturgesetz postuliert, das die Naturwissenschaft übernahm. Die Beweisführung lautet: A = A (Satz der Identität), A kann nicht zugleich Nicht-A sein (Satz des Widerspruchs), also muß alles entweder A oder Nicht-A sein, etwas Drittes gibt es nicht (Satz des ausgeschlossenen Dritten). Das klingt zunächst ganz klar und ‚logisch', doch genaue Überprüfung ergibt, daß in dieser Denkoperation Elemente stecken, die, werden sie von der abstrakten formalen Ebene auf reale Sachverhalte übertragen, äußerst gefährliche Wirkungen entfalten. Genau das geschah im patriarchalen Denken.

Erst mit den Erkenntnissen der Neuen Physik löst sich die Naturwissenschaft allmählich von diesem Dreisatz: sie fand heraus, daß ein Partikel zugleich Welle ist (also A und Nicht-A zu gleicher Zeit), daß Masse zugleich Energie ist, daß Materie zugleich Schwingung ist, daß es das starre entweder – oder nicht gibt. In den meisten Bereichen unserer Gesellschaft ist dies traditionell abendländische Denken jedoch noch bestimmend, vor allem im praktisch-politischen und im praktisch-technischen Bereich. Einige Philosophen haben die Gemeingültigkeit dieses Satzes schon früher bezweifelt, doch erst eine Frau hat präzise untersucht, wie er sich auf die Situation von Frauen ausgewirkt hat und nach wie vor auswirkt.

Die amerikanische Philosophin Nancy Jay hat in einem Aufsatz „Geschlecht und Dichotomie" (Feminist Studies 1981) nachgewiesen, daß das Denken in einander ausschließenden Gegensätzen immer auch die Diskriminierung der Frau begründete. A war stets das männliche, Nicht-A das weibliche. Wenn A klar und definiert ist, muß Nicht-A dann alles andere umfassen, ist also nicht definierbar, unklar, chaotisch – und so wurden Frauen immer beschrieben. Simone de Beauvoir hat das Gleiche in ihrem Buch „Das andere Geschlecht" gesehen, wo sie nachweist, daß Frauen immer und stets „das Andere" waren ...

Ich habe die Beweisführung von Nancy Jay hier unzulässig verkürzt, ihr Aufsatz ist sehr spezialisiert, für unsere Aufarbeitung des tödlichen patriarchalen Denkens jedoch hilfreich. Er zeigt, daß Frauen selbst an den scheinbar unumstößlichen Grundfesten abendländischen Denkens rütteln, daß sie dabei sind, die „zentralen Stützkonserven"* herauszuziehen.

Das Denken in A–Nicht-A-Dichotomien (einander ausschließenden Gegensätzen) zeigt sich praktisch und gefährlich in der Umweltfrage: Meßwerte für schädliche Stoffe werden immer nur für *ein* Objekt erhoben, Grenzwerte stets nur für *einen* Stoff, das Zusammenwirken mit anderen Schadstoffen wird getreu dem logischen Satz vom ausgeschlossenen Dritten, der in Alltagssprache übersetzt lautet: „Das hat nichts miteinander zu tun!", ausgeklammert. Zyklisches Denken wäre hier angemessen. Daß beispielsweise die bei uns verbotenen, jedoch an die Dritte Welt verkauften Pflanzen‚schutz'gifte in einem tödlichen Kreislauf mit den importierten Nahrungsmitteln zu uns zurückkommen, wurde von den so logisch denkenden, so kühl kalkulierenden, so überaus weitblickenden Marktstrategen nicht in ihre Überlegungen einbezogen. – Und dann lese ich in der Zeitung, erster Satz: die Giftverklappung in der Nordsee wird gestoppt (Erleichterung), zweiter Satz: das Gift soll stattdessen in den Nord-Atlantik entleert werden (Ächz, Luft weg, Wut!) „Aber", grinst mir der Geist des Patriarchats aus den Zeitungsseiten entgegen, „Nordsee und Atlantik haben doch überhaupt nichts miteinander zu tun, Dummerchen!" (Wahnsinn!)

Hinweise und Quellen:

Familie im Bunker: Die Sendung lief in der Radio-Bremen-Reihe „Unter deutschen Dächern", Ende 1983

Grundwerte und Gottes Gebot. Gemeinsame Erklärung des Rates der Evangelischen Kirche in Deutschland und der Deutschen Bischofskonferenz. Gütersloher Verlagshaus und Paulinus Verlag, 1979

Brixen: zitiert nach Soldan-Heppe, Geschichte der Hexenprozesse

Melitta Walter: ZDF-Sendung 5 nach 10 am 16.7.1984

Ableitung Vernunft: Friedrich Kluge: Etymologisches Wörterbuch der deutschen Sprache. Walter de Gruyter, Berlin-New York, 1975

Nancy Jay: Aufsatz „Gender and Dichotomy", Feminist Studies 7, No. 1, Frühjahr 1981

* Die Konservendosen in den kunstvoll aufgebauten Pyramiden im Supermarkt, die man herausziehen muß, um das Ganze zum Einsturz zu bringen.

Zusammengedachtes

Alle Bereiche patriarchalen Denkens müssen von uns durchleuchtet, alle patriarchalen Philosophien neu durchdacht werden (und an allen Ecken und Enden sind Frauen dabei, das zu tun). Philosophie – Freundschaft und Liebe zur Weisheit, zur Sophia, – das ist unser ureigenstes Gebiet von altersher (daran erinnert uns der weibliche Artikel den *alle* Wissenschaften tragen, ein ferner Abglanz aus einer Zeit, da Wissen nicht zersplittert war). Die Kategorien patriarchaler Philosophie sind seit langem pervertiert.

Zeit, Raum, Kausalität

Zeit zum Beispiel – was bedeutet es, daß sie zunehmend in Miniteile zerstückelt wird? Daß der kreisende Zeiger auf einem runden Zifferblatt, der ständig an die Kreisförmigkeit der Zeit erinnern konnte, von den monoton hervorpurzelnden Zahlen der Digital-Uhr ersetzt wird? Daß ‚Leistungen' im Sport nach hundertstel Sekunden beurteilt und damit irrelevant geworden sind, weil die Grenze längst erreicht ist? Das Zeitmaß des Patriarchats ist der Stress.

Raum zum Beispiel – einerseits wird er immer noch als etwas Begrenztes gesehen: da sind nationale Grenzen, Systemgrenzen, die Mann verteidigen muß wie der Höhlenmensch seine Höhle. Nur sind die Waffen inzwischen etwas gefährlicher geworden und der Raum angesichts technischer Reichweiten auf Sekundenentfernungen zusammengeschrumpft. Andererseits wird er als unbegrenzt gesehen, was für patriarchales Denken immer zugleich heißt: in jeder Richtung und unbegrenzt ausbeutbar (in dem Plan, die tödliche Kriegsmaschinerie in den Weltraum zu verlegen, treffen sich beide Raumauffassungen, – und vielleicht will Mann sich damit auch noch den Tod/die Zeit vom Halse schaffen?).

Oder das altehrwürdige *Kausalitätsprinzip*, die Regel von Ursache und Wirkung, bei der moralischen Beurteilung die Frage nach dem Verursacher, nach dem Schuldigen. Die Kaltblütigkeit, mit der diese Regel einfach umgekehrt wird, wird immer atemberaubender. So spricht der Bundesverband der Deutschen Industrie angesichts des durch Industrieverschmutzung hervorgerufenen Waldsterbens von einer „Vitalschwäche der Bäume". Die Kriminalpolizei in Bremen gab vor Jahren ein Merkblatt heraus, auf dem Frauen angewiesen werden, wie sie sich zu verhalten hätten, damit sie nicht die Aufmerksamkeit potentieller Vergewaltigter auf sich zögen (unauffällig kleiden, nachts nie allein oder möglichst gar nicht auf die Straße gehen etc. Dem wahren Kausalitätsprinzip hingegen folgen Frauengruppen, die ab zehn Uhr abends eine Ausgangssperre für Männer fordern.) Kriminalisten bezeichnen die Tatsache, daß der Anteil der Frauen an Mordopfern von 46,3 % im Jahre 1972 auf 54,4 % im Jahre 1982 gestiegen ist, als „Schattenseite der Emanzipation" (Emanzipation der Frau natürlich). Wenn Ronald Reagan ‚Witze' vorm Mikrophon macht, die eine Weltvernichtung auslösen könnten, muß nicht er zurücktreten, sondern die Tontechniker werden nochmals angewiesen, nichts von dem, was außerhalb der offiziellen Aufzeichnung stattfindet, aufzunehmen, weiterzusenden oder auszuplaudern. Einige große US-Firmen hoffen, bald mit Hilfe der Gentechnologie Bewerber für schadstoffbelastete Arbeitsplätze daraufhin testen zu können, wer von der erbbiologischen Anlage her am meisten resistent gegenüber diesen gefährlichen Stoffen sein könnte (damit entfallen Arbeitsschutzmaßnahmen).

Scheinbar Unvereinbares verbinden

Wir müssen mit aller Energie das Verzerrte, Zerstückelte, Zerrissene wieder zusammendenken, – zusammendenken nicht nach den von Anfang an gefährlichen, inzwischen völlig pervertierten Gesetzen patriarchalen Denkens, sondern nach unserer, von unserer existentiellen Betroffenheit geprägten Sicht. Wir denken für patriarchales Denken Unvereinbares zusammen, denn wir können unser Schicksal mit dem der Dinge um uns identifizieren und damit die Struktur der Gewalt, die sie und uns bedroht, sichtbar machen.

Daß Raketen etwas mit dem Hunger in der Dritten Welt zu tun haben, wird bei manchen zwar allmählich begriffen,

Männer begreifen aber nicht (wie ich auf einer Tagung, als ich das bildlich demonstrierte, erfahren konnte), wenn wir vor unserem inneren Auge neben den Fotos von Blumenkohl-, Apfel-, Tomaten-, Orangenhalden, die – als Folge der EG-Politik zur Vernichtung aufgeschichtet sind, das Bild der geschlagenen Frauen sehen – was beides miteinander zu tun hat, ist uns unmittelbar einsichtig: die Aggression, die Leben wie Abfall behandelt –

neben dem Bild eines zerschundenen Stücks Erde sehen wir die Frau, der ohne Notwendigkeit der Uterus entfernt wurde –

neben den Vögeln, die mit von Ölpest verklebten Flügeln sterbend am Strand liegen, sehen wir die von häuslicher Sklavenarbeit gefesselte Frau, die sich selbst aufgegeben hat.

Oder anders:

Wir sehen die Produkte, die die chemische Industrie zum „Wohle der Frau“ herstellt – von der Hormonpille bis zur glitzernden Lippenpomade – zusammen mit jenen patriarchalen Bildern von der Frau, die Ihm zur Lust zu dienen hat.

Wir sehen die sterile Öde der Supermärkte mit den Regalen voll umweltverschwendenden Verpackungen und darin Lebensmittel, denen die wichtigsten Nährstoffe entzogen und die mit Konservierungsgiften angereichert sind, –

sehen sie zusammen mit der von Männern geschaffenen Kleinfamiliengefängniszellen-Architektur –

sehen sie zusammen mit der Frau, die von Psychopharmaka abhängig ist:

= kein Zugang zu reiner Nahrung / die Behausung, Inbegriff des Schutzes, zur sterilen Schachtel verkommen / Mittel für süße Träume der Seele, die sie langsam vergiften: der „Heilsplan“ des Patriarchats für die Frauen.

Wir verbinden schließlich die Atomraketen mit der christlichen männlichen Dreifaltigkeit –

das taten auch die Wissenschaftler und Techniker, die dem ersten Atombombenversuch in der Menschheitsgeschichte 1945 in der Wüste von Nevada den Code-Namen „Trinity“ – Dreifaltigkeit – gaben. Sie schossen ihren strahlenden giftigen Superpilz in die Luft, um ihrem Gott dort draußen zu imponieren und ihm gleich zu sein.

Die Augen gehen uns auf, die Augen gehen uns über – so sehen und verstehen *wir* die Dinge!

Das sind *unsere* Denkformen:

Wir denken alles neu durch, und zwar nicht nur einmal, sondern immer wieder, immer wieder von Neuem, zyklisch, immer wieder von Neuem mit einem anderen Ausblick, spiralisch.

Wir setzen alles neu zusammen, füllen es mit neuen Assoziationen, das heißt, wir *praktizieren* eine neue Form des Denkens, eine Form, die eher den etymologischen Ableitungen des Wortes „Vernunft“ entspricht, nämlich: erfassen, erfahren, hören, begreifen.

Wir glauben nicht mehr an das Märchen des Patriarchats, daß der Mensch Wissen *lernen* kann, wenn damit gemeint ist, daß er sich in einem einmaligen Vorgang Wissen eindimensional einverleibt – wir er„fahren“, er„fassen“ unser Wissen in einem organischen Vorgang, als organischen Vorgang (womit gemeint ist: wir sind mit *allen* unseren Sinnen daran beteiligt), und auf diese Weise wird Wissen zur Weisheit. Es wird damit zu einer ganz anderen Form von Macht als das Schlagwort: ‚Wissen ist Macht‘ meint, das sich einzig auf instrumentelles Wissen und damit instrumentelle Macht bezieht.

Alles, was Menschen (Männer) mit ihrem instrumentellen Wissen erdacht und erfunden haben und worauf sie so stolz sind, ist nach dem Gesichtspunkt des Verbrauchs – nach dem Motto: die Erde ist für den Menschen (sprich Mann) und nur für den Menschen da – gemacht. Keines der von ihm erfundenen Systeme ist selbstregulierend. Denn die männliche Kultur hat das zyklische Denken abgeschafft und es durch ein lineares Denken und ein Denken in Gegensätzen ersetzt. Der logische Satz vom ausgeschlossenen Dritten beispielsweise führt in seiner angewandten Konsequenz zum Freund-Feind-Denken, und mit diesem Denkansatz wird letzten Endes die Welt zerstört.

Das ist die große neue Erkenntnis des feministischen Denkens (mit der es sich von früheren Frauenbewegungen unterscheidet, sie weiterführt): *die Denkstrukturen des Patriarchats selbst sind gewaltsam und zerstörerisch und darum zutiefst unmoralisch.* Für uns besteht darum die ganze Frage der Moral nicht in Gesetzen, in ausgetüfelten Vorschriften oder hehren Prinzipien, sondern in der ganz konkreten Beurteilung:

lebensfördernd oder lebensfeindlich
zerstören oder erhalten
Gewalt oder Gewaltlosigkeit

Hinweise und Quellen:

Zeit: Der erste Band der „Feministischen Studien", November 1982, Beltz-Verlag, steht unter dem Thema „In den Brüchen der Zeit"

Frauen als Mordopfer: Bericht der hessischen Frauen-Leitstelle, zitiert nach BRIGITTE, Heft 18/1984. In dem Bericht heißt es noch: „Angeblich besteht eines der Risiken darin, daß heute Frauen häufiger ihren Mann verlassen."

US-Firmen, zitiert nach taz, 27.8.1984

Aber die Männer ...

Kommentare zu patriarchalen Kommentaren

Mit meiner Freundin Ursa Krattiger, Basel, die Lesungen hält und als Radiofrau oft auf Diskussionspodien sitzt, tausche ich seit langem die bei solchen Veranstaltungen auftauchenden Fragen und Kommentare aus. Sie gleichen sich, trotz unterschiedlichem Publikum, im Kern aufs Haar. Wir haben sie die „Aber-die-Männer“-Fragen genannt. Wenn Frauen sie stellen, tun sie das häufig aus Angst, das Patriarchat selbst in Frage stellen zu müssen und damit den Schutz, den es ihnen gewährt, solange sie sich in die vorgeschriebene Rolle fügen, aufs Spiel zu setzen. Sie machen sich so, oft gegen ihren bewußten Willen, zu Anwältinnen des Patriarchats. Die hier angebotenen Kommentare sind nicht als erschöpfende ein-für-allemal-Antworten gemeint, sie versuchen vielmehr, auch den Ausgangspunkt in Frage zu stellen, was überhaupt die beste Art ist, mit patriarchalen Fragen umzugehen. (Klassisches Beispiel: ein Mann regte sich in einer Diskussion fürchterlich auf, weil festgestellt wurde, daß die Vagina total unempfindlich ist, da sie keine sensiblen Nervenenden enthält. Offenbar gefährdete das sein Weltbild von sich selbst als großartigem erfahrenem Liebhaber. Eine Frau fragte zurück: „Haben Sie schon mal ein Tampon getragen?“)

Weit hergeholt

„Aber das ist doch alles so weit hergeholt, Sie halten sich doch wirklich bei unwesentlichen Kleinigkeiten oder bei längst vergangenen Dingen auf. In den wichtigen, wesentlichen Punkten ist doch alles geregelt: Frauen haben die Gleichberechtigung im Grundgesetz, Frauen haben das Wahlrecht, und so nach und nach wird sich das schon in allen gesellschaftlichen Bereichen durchsetzen. Daran *sollten die Frauen arbeiten.“*

Leider müssen wir uns eben genau bei den ‚Kleinigkeiten‘ aufhalten (und sie vom Großen, nämlich den geistigen und moralischen Grundlagen unserer Kultur, herleiten). Daß die Gleichberechtigung im Grundgesetz verankert ist, nützt uns wenig, solange beispielsweise in der Rechtsprechung bei der Gleichstellung am Arbeitsplatz immer noch die Vertragsfreiheit (der Arbeitgeber) vor dem verbrieften Grundrecht rangiert, solange das Recht auf die Unversehrtheit des eigenen Körpers mißachtet wird, solange die Entfaltung der Persönlichkeit behindert wird, undsoweiter. Wir spüren es täglich am eigenen Leibe, da nützen uns die schönsten Bekenntnisse politischer Sonntagsredner nichts. (Das ist wie mit dem Umweltschutz. Welcher Baum stirbt eine Minute später, wenn der Umweltschutz zwar im Grundgesetz aufgenommen ist, aber sonst nichts geschieht?)

Die große Unordnung liegt im Alltäglichen. Frauen sind ja – wie die Filmemacherin Helke Sander sehr anschaulich ausgeführt hat – keine geschlossene gesellschaftliche Gruppe, die ihre Interessen gegenüber einer anderen geschlossenen gesellschaftlichen Gruppe in politisch gängigen Formen vertreten kann, – etwa wie die Gewerkschaften gegenüber den Arbeitgebern. Das besondere an unserer Situation ist, daß wir, da wir die Hälfte der Menschheit sind, auch in sehr unterschiedlichen sozialen Situationen leben, und daß die Vertreter des Patriarchats auch nicht irgendeine geschlossene Gruppe besonders böser feindlicher Männer sind, sondern unter anderem auch die Männer, mit denen Frauen täglich umgehen und leben, unsere eigenen Brüder, Väter, Liebhaber, Ehemänner, Kollegen, Genossen ... Sie alle sind sich ihres frauenfeindlichen oder frauenunterdrückerischen Verhaltens meist nicht bewußt, weil es ja kein gesellschaftlich geächtetes Verhalten, sondern vielmehr gesellschaftlich anerkanntes Männerverhalten ist. Helke Sander schreibt: „Alle Frauen sind in dem Dilemma, daß Männer, die sie lieben, gleichzeitig in ihrer Funktion sich gegen die Interessen der Frauen verhalten, beziehungsweise von Sitten und Gesetzen profitieren, die den Frauen schaden."

Also müssen wir die Frauenfeindlichkeit eben genau an den vielen scheinbar kleinen Alltäglichkeiten ablesen, die sich zu einem schauderhaften Ganzen summieren: von der Umgangssprache über die Witze über die Titelbilder von Illustrierten über das Verhalten von Chefs und Kollegen bis zu mit-hängender-Zunge-kurz-vor-Laden(weil-kurz-nach-Arbeits)schluß-Lebensmittel-nach-Hause-schleppen bis zu in-grauer-Morgenfrühe-verschlafene-Kinder-am-Kindergarten abliefern undsoweiter undsoweiter ... Und aus eben diesen vielen durchaus nicht unwesentlichen „Kleinigkeiten" setzt sich die durchgängige Struktur der Frauenfeindlichkeit unserer Kultur zusammen, die das Verhalten der Gesellschaft und der Einzelnen bestimmt.

Die Technologiefrage

„Aber glauben Sie denn, Frauen hätten, wenn sie an der Entwicklung der modernen Naturwissenschaft beteiligt worden wären, andere technische Erfindungen gemacht? Erfindungen mit weniger gefährlichen Auswirkungen?"

Hilft uns diese Frage bei der Beurteilung unserer Situation weiter? Tatsache ist, daß Mann uns ausgeschlossen *hat*, wir wurden an den geistigen Entwicklungen der letzten Jahrtausende *nicht* beteiligt (wir sollten nie vergessen, daß Frauen bei uns erst seit 1896 zum Abitur und seit 1908 allgemein zum Studium zugelassen sind, und da konnten wir natürlich nur die seit Jahrhunderten etablierte patriarchale Wissenschaft lernen). Mir scheint eine solche „was-wäre-gewesen-wenn"-Diskussion (– die zu nichts führt, weil wir das Rad der Geschichte nicht zurückdrehen können –) oft nur ein Ausweichen vor unserer tatsächlichen Situation, wie wir sie täglich erfahren und mit Händen greifen können. (Der Wunsch, auszuweichen, ist bei der Anhäufung von Greueln verständlich, doch wenn schon Ausweichen, dann lieber zukunftsgerichtet, dann lieber gleich richtige Frauen-Science-Fiction, Frauen-Fantasy, Utopie statt rückwärtsgerichtete Spekulationen.)

Die einzige Spekulation, die wir mit einiger Berechtigung anstellen könnten, liegt *vor* der modernen Naturwissenschaft. Wir müßten uns die früheren Denkansätze von Frauen in der Wissenschaft von der Natur genau ansehen, soweit wir davon noch etwas rekonstruieren können. Sicher ist, daß sie *anders* waren als der Denkansatz der Männer, sonst hätten diese nicht zu Beginn der Neuzeit, mit den Anfängen der sogenannten „modernen" Naturwissenschaften, die Weisen Frauen so hartnäckig als Hexen verfolgen und töten müssen.

Gegenfrage: Glauben Sie, wenn den Männern (und nicht den Frauen) von der Gesellschaft die Zuständigkeit für Kindererziehung, Krankenpflege, Kochen, Wäsche-waschen, Clo-putzen, kurz, für alle Reproduktionsaufgaben (d. h. für alles, was zur Instandhaltung von Leben, Gesundheit und Arbeitskraft anderer Menschen dient) zugewiesen worden wäre, daß sie dann ihre Erfindungen qualitativ genauso, mit der gleichen Gedankenlosigkeit gegenüber den Folgen auf andere Menschen und die Natur gemacht hätten und ihr mörderisches Treiben auch noch heute, wo die schrecklichen Folgen bekannt sind, fortsetzen würden (z. B. in den Chemie-Multis, den Rüstungs-Multis, den Energie-Multis)?

Frauen die besseren Menschen?

Hinter der Technologiefrage verbirgt sich eine andere: „*Aber glauben Sie denn, daß Frauen die besseren Menschen sind?*"

Diese Frage ist so wenig wie die Technologiefrage mit Ja oder Nein zu beantworten. Wir müßten uns erst darüber verständigen, was wir unter ‚gut' und damit unter ‚besser' verstehen. ‚Gut' und ‚besser' sind – auf den Menschen bezogen – moralische Begriffe. Es kann hier sicher nicht um ‚gut' oder ‚besser' im Sinne der herrschenden patriarchalen Moral gehen (also jener Moralgesetze, die lediglich das private Verhalten des Einzelnen beurteilen und über Gruppensünden jeder Art großzügig hinwegsehen).

Ich glaube allerdings, daß Frauen den Lebensbedingungen auf dieser Erde generell besser angepaßt sind, daß sie stets besser verstanden, gewußt haben, worum es beim Leben auf dieser Erde geht. Das bedeutet jedoch, Moral ganz anders zu sehen. Wir Menschen leben zusammen mit aller anderen Kreatur in einem Gefüge voll unendlicher Vielfalt und Komplexität, wir leben von diesem Gefüge, könnten ohne es nicht existieren, – es schützt und stützt uns, erhält uns am Leben. Wirklich moralisch ist, wer mit diesem Gefüge sensibel umgeht, sich darin angemessen bewegt, es nicht gewaltsam stört und damit letzten Endes zerstört. Im Bewußtsein leben, wie lebenswichtig dies Gefüge für uns *wie* für die ganze Kreatur ist und sich dementsprechend verhalten – das ist im Unterschied zu den anthropozentrischen* patriarchalen Moralvorstellungen eine wirklich moralische Frage. Da wir Frauen nicht teil an „Männermacht", nicht teil an technologischer Zerstörungsmacht hatten, konnten wir uns eher andere Verhaltensweisen, z. B. die Sensibilität für Gewalt, Ohnmacht, Zerstörung erhalten.

* anthropos = der Mensch, centrum = die Mitte: sich nur um den Menschen drehend, den Menschen als einzigen Bezugspunkt nehmend

Biologistisch?

„*Aber steckt dahinter nicht ein biologistischer Standpunkt?*"

Ob Frauen ‚von Natur aus' besser sind – das wäre der biologistische Standpunkt – können wir unter den herrschenden Bedingungen nicht entscheiden. Was wir an unterschiedlicher weiblicher Einstellung und Einsicht feststellen, können wir zunächst auf historisch gewachsene gesellschaftliche Bedingungen zurückführen.

Natürlich haben wir inzwischen auch annähernd ein Bild davon, welch andere Maßstäbe und Denkweisen in matriarchalen Kulturen galten. Vieles spricht dafür, daß dort aus einer anderen Einstellung zum Leben auch eine andere Gesellschaft entstanden ist. Vielen Frauen geben diese Bilder die Kraft, heute andere Formen zu versuchen.

Ob Frauen ‚von Natur aus' geeigneter sind, bessere Lebensbedingungen für alle auf diesem Planeten zu schaffen, könnten wir heute jedoch erst entscheiden, wenn Frauen und Männer die gleichen Startchancen hätten (und dabei nicht unter den herrschenden patriarchalen Rahmenbedingungen antreten müßten). Davon kann bisher nicht die Rede sein.

(Dennoch sollte uns die Tatsache, daß wir diese Frage in der heutigen Situation nicht beantworten können, keineswegs davon abhalten, diesbezügliche naturwissenschaftliche Forschungen genau zu verfolgen. Zum Beispiel die über das HY-Antigen, die beweisen, daß alles Leben – auch alles menschliche Leben – im Ansatz zunächst einmal weiblich ist; die Überlegungen zur männlichen Natur von Rainer Knußmann; die neurologische Hirnhälften-Forschung; die Hirn-Enzym-Forschung etc.)

Wir sind doch alle Menschen ...

„Aber wir sind doch schließlich alle Menschen ...“

Als zoologische Kategorie vielleicht. Gesellschaftlich hat dieser Satz so lange keine Gültigkeit, solange das Bild ‚Mensch' mit dem Bild ‚Mann' gleichgesetzt und die Frau als nachgeordnet angesehen wird. Dies gilt in unserer Kultur vom Schöpfungsmythos des Alten Testaments bis zur NASA. Die NASA schickte mit Voyager I eine Metallplakette über unser Sonnensystem hinaus in die Galaxis, um mögliche Lebensformen dort draußen über unsere Erde zu informieren. In diese Plakette ist – neben mathematischen Symbolen und astronomischen Codes – auch die naturgetreue Darstellung von Menschen eingraviert: im Vordergrund ein Mann, die Hand zum Gruß erhoben, im Hintergrund, halb so groß, die Umrisse einer Frau, deren Arme passiv herabhängen – damit die irdischen Verhältnisse auch gleich für „die da draußen" geklärt sind ... Es kann auch als die alte Männer-Mahnung: „Hände weg von unseren Frauen!" gedeutet werden. (Angeblich geschah diese Nachordnung um der Perspektive willen – gab es da keine andere Lösung?)

Doch nicht nur Vertreter der modernen Weltraum-Technologie sondern auch kritische Alternative leben mit der alten Gleichung Mensch = Mann. Die Septembernummer 1984 von Horst Sterns Umweltmagazin „natur" trägt als Titelbild zu der Unterschrift „Der Mensch zwischen Trieb und Technik" die Collage eines Menschengesichtes, das auf den ersten Blick androgyn wirkt. Beim zweiten Blick entdecken wir in dieses Gesicht eingearbeitet: Autoscheinwerfer, die Innereien eines Automotors, Computerzahlen, ein nackter Mädchenpo über ellenlangen Beinen, den Kopfhörer eines Walkman, eine Männerfaust, geballt um einen Schlagring, das Pendant dieser Hand greift einem Mädchen ins Unterhemd, ein Schaltpult, Computerbögen. Ein Hinweis auf weibliche ‚Triebe' fehlt völlig (was die interessante Frage aufwirft: was wären weibliche Triebe?) Hieße das Motto: „Der Mann zwischen Trieb und Technik" so wäre gegen die Collage nichts einzuwenden. Es heißt aber: Der Mensch ...

Frauen wurden noch nie – jedenfalls nicht in der uns bekannten Geschichte – als ‚Menschen' im gleichen Sinne wie die Männer angesehen, sondern – wie Simone de Beauvoir revolutionär erkannte – immer als ‚das Andere'. Solange das so ist – die NASA-Plakette bestätigt das für die modernste Technologie, das „natur"-Titelbild für sogenanntes alternatives Denken – sind wir eben nicht alle im gleichen Sinne Mensch.

„Wir sind doch alle Menschen ..." ist ein Verschleierungsspruch, der Gleichheit vortäuschen soll, wo in Wirklichkeit in keinem Punkt Gleichheit besteht.

Frauen an der Macht

„Aber glauben Sie denn, daß Frauen an der Macht sich anders verhalten als Männer? Sehen Sie sich doch Maggie Thatcher an!"

Frauen erkennen, daß die herrschende patriarchale Auffassung von Macht als Macht *über* Menschen und Dinge tödlich ist. Dennoch bestimmt diese Art von Macht zur Zeit noch die Geschicke der Welt. Und – wie Paolo Freire in seinem Buch ‚Pädagogik der Unterdrückten' richtig bemerkt – übernehmen Unterdrückte, wenn sie an die ‚Macht' kommen, in der Regel zunächst einmal die Machtstrukturen ihrer Unterdrücker, weil sie gar keinen anderen Umgang mit Macht kennen und lernen konnten. Dies gilt für Frauen in ganz besonderem Maße, denn sie kommen ja an die ‚Macht' im Umfeld des Patriarchats, als Einzelkämpferinnen (während Freire eher Macht-übernehmende Gruppen im Auge hatte). Hätte eine Frau wie Maggie Thatcher nicht die patriarchale Machtanwendung und das patriarchale Machtdenken übernommen, wäre sie nie auf ihren Posten gekommen. Zu verlangen, eine Frau solle – nur, weil sie biologisch eine Frau ist – dann, wenn sie mehr Macht hat, auch andere Verhaltens- und Denkweisen an den Tag legen, wäre nun wirklich biologistisches Denken.

Wenn wir jetzt hier und da Frauen, die bereits anders denken und handeln, in mit gewisser Macht versehenen Positionen erleben, so sind dies erfreuliche Beispiele, die wir nur bewundern können, denn auch sie mußten ja im patriarchalen Apparat aufsteigen (und ihn zuweilen auch ganz schön täuschen können). Wenn sie sich anders verhalten so kommt dies aus einem *neuen Bewußtsein*, das sie sich in einem oft schmerzvollen Prozeß erarbeitet haben. Dies neue Bewußtsein hat in der Tat etwas damit zu tun, daß sie Frauen sind und sich mit ihrer Situation als Frau in dieser Gesellschaft auseinandergesetzt haben. Es ist jedoch nicht lediglich auf ihre biologische Beschaffenheit zurückzuführen, sondern auf eine enorme geistige und existentielle Anstrengung.

Männer werden von Frauen erzogen

„Aber die Mütter, also die Frauen, erziehen doch die Buben und damit die Männer von morgen ..."

Gemäßigte Antwort: Erstens ist es ein unhaltbarer Zustand, daß – wie es sich in der Frage ausdrückt – ausschließlich von der Mutter erwartet wird, daß sie die Erziehungsarbeit leistet. Schließlich gibt es auch noch einen Vater. Dessen Einfluß kann oft sogar größer sein als der der Mutter, obwohl oder gerade weil er im allgemeinen seltener anwesend ist.

Zweitens: Jede Mutter, die sich bemüht, ihr Kind – ob Bub oder Mädchen – nach anderen Vorstellungen als denen der herrschenden Geschlechterrollenverteilung zu erziehen, kann ein Lied davon singen, wie die Miterzieher, – oder besser: die Haupterzieher, also Schule, Fernsehen, Filme, Zeitschriften, Freunde, Verwandte, Nachbarn etc. viel stärker sind als sie, und wie das meiste, was sie in zartem Kindesalter mühsam aufgebaut hat, wieder zunichte gemacht wird. Trotz zahlreicher einschlägiger Untersuchungen (z. B. über das Frauen- und Männerbild in den Schulbüchern, und zwar selbst in scheinbar so ‚neutralen' wie Mathematikbüchern) hat sich da so gut wie nichts geändert. Propagiert werden nach wie vor die ‚klassischen' Männer- und Frauenrollen, auch da, wo sie in ein modernes Gewand gekleidet sind, selbst in Comics und der gängigen Science Fiction. Aus diversen psychologischen Gründen (die ein eigenes Buch füllen könnten) kommt eine ‚vernünftige' Mutter dagegen kaum an. Im schlimmsten Fall rufen ihre Bemühungen extreme Gegenreaktionen hervor.

Wütende Antwort: Diese Argumentation ist masochistisch und unsolidarisch, denn sie schiebt die Schuld an der Haltung der Männer wieder den Frauen zu, wiederholt, indem sie gedankenlos Vorurteile nachschwätzt, die alten Unterdrückungsmechanismen. Insofern fängt das schon bei uns Frauen an, und zwar nicht bei irgendwelchen Frauen, die Söhne erziehen, sondern bei uns selbst, nämlich bei der Frage: denken wir wirklich nach oder übernehmen wir auch manchmal gern unüberlegt Vorurteile, damit wir die saure Arbeit des Nachdenkens nicht leisten müssen? Jeder Ausspruch, den ein Opfer in dieser Richtung tut, ist unsolidarisch mit den Mit-Opfern (wir sind ja keine Einzel- sondern Kollektiv-Opfer), fällt einer gefährdeten Schwester in den Rücken.

Das Feindbild

„Aber Sie bauen doch hier eine Front gegen die Männer auf, das gefällt mir nicht, wir müssen doch gemeinsam ...“

Frauen haben in den letzten zehn bis zwanzig Jahren daran gearbeitet, die frauenfeindlichen Strukturen unserer Kultur, ihre frauenfeindliche Tradition und ihre frauenfeindliche Praxis zu erkennen und zu analysieren. Das ist eine große Denkleistung und schmerzhafte Bewußtseinsarbeit. Wenn ich etwas durchschaue, dann gewinne ich Klarheit über einen herrschenden Zustand, baue aber doch keinen Popanz, keine ‚Front' auf. Wir erreichen zugegebenermaßen oft die Grenzen unserer psychischen Kraft, wenn wir uns dem aussetzen, die gegen uns gerichtete Feindseligkeit in ihrem ganzen Ausmaß wahrzunehmen und erkennen zu müssen: für das Patriarchat gehören Frauen grundsätzlich zum Feindbild. Es ist also genau andersherum. Hört frau jedoch zu früh mit dem Denken und Durchschauen auf, dann geht sie in die alten Fallen. Die sehen auf den ersten Blick vielleicht ein bißchen anders aus, im Grunde sind es die gleichen, die für unsere Ur- und Urgroßmütter ausgelegt waren.

Oder als Bild: Wenn ich durch den Wald gehe und neben mir im Unterholz schleicht ein Löwe, von dem ich weiß, er könnte mich jederzeit anfallen (ich weiß das, weil die Löwen dies durch die uns bekannte Geschichte hindurch und in der uns bekannten Gegenwart immer wieder getan haben und tun), und wenn ich dann laut sage: da lauert eine Gefahr – baue ich damit ein Feindbild auf? Ein Phantom, das realer Grundlagen entbehrt? Oder habe ich nicht vielmehr den Mut, oder besser: den Selbsterhaltungsinstinkt, eine Gefahr klar zu sehen? *Und zu benennen*, damit andere (Frauen) gewarnt werden?

Stecken nicht die Frauen den Kopf in den Sand, die – aus Angst, eine (auf ihre Kosten aufrechterhaltene) Scheinharmonie zu zerstören – der Bedrohung nicht ins Auge sehen wollen? Diese Weigerung kann lebensgefährlich sein!

Angst vor den Frauen

„Aber die Männer haben doch genauso Angst wie wir – sie haben Angst vor uns, vor unserer Sexualität, vor der Tatsache, daß wir die Kinder gebären. Auch wir sind für sie ein Löwe, der im Dickicht schleicht ...“

Hier müssen wir die Formen der Bedrohung unterscheiden. Sicher ist an der Angst vor der Sexualität, vor der ‚Gebärmacht' der Frauen etwas dran, sensible Männer geben das auch zu. Doch unsere Fähigkeit, zu gebären, ist nun einmal von der Natur so eingerichtet. Und solange das so ist (arbeiten sie deshalb so fieberhaft an technischen Reproduktionsmöglichkeiten des

Menschen?), müssen sich die Männer eben damit abfinden, – sich in Demut* damit abfinden, um ein schönes ‚altmodisches' Wort zu benutzen. Hinter die Bedingungen der Natur kann niemand zurück und auch niemand kann sich darüber hinwegsetzen – das haben sie zwar immer versucht, aber es geht nicht, wie unsere Umweltkatastrophe zeigt.

Ihre Angst ist also Angst vor einer natürlichen Gegebenheit. Unsere Angst hingegen ist Angst vor Gewalt und Unterdrückung, ist eine Angst vor einem Verhalten, das *nicht* naturnotwendig gegeben ist, sondern das die Männer sich angemaßt haben. Es ist Angst vor etwas, *das nicht so sein müßte*, und das nach allen ethischen Vorstellungen des Patriarchats auch nicht so sein sollte; Angst vor einem Verhalten, das gegen alle ‚Humanitäts'vorstellungen verstößt, aber, weil es ‚nur' gegen Frauen gerichtet ist, als Kavaliersdelikt oder, schlimmer, als selbstverständlich betrachtet wird.

Was Männer also als von der Frau ausgehende ‚Bedrohung' empfinden, spielt sich in ihrer Psyche ab: es handelt sich dabei offenbar um eine Kränkung ihres Ego durch einen Naturtatbestand, eine Kränkung, die seelisch nicht aufgearbeitet wurde. Was hier als Bedrohung empfunden wird ist von ganz anderer Qualität, als die gegen Frauen gerichtete reale und strukturelle Gewalt. Und wir Frauen können auch diese Angst der Männer nicht beschwichtigen, es sei denn, wir würden unsere Sexualität abschaffen können und wollen.

Unsere Sprache ist auch hier aufschlußreich: sie kennt die Wörter Frauenmord und Frauenmörder (wir müssen sie fast täglich in den Zeitungen lesen ...) Die Wörter Männermord und Männermörder(in) kennt sie nicht, dafür aber das Eigenschaftswort männermordend, womit eine Frau bezeichnet wird, die mit ihrer erotischen Ausstrahlung die Männer anzieht wie das Licht die Motten ...

Das Samariterinnensyndrom

„Aber wir müssen den Männern doch helfen – wenn wir das alles so klar durchschauen und sie es nicht sehen, dann müssen wir ihnen doch helfen, daß sie es auch so sehen können!"

* Demut nach dem etymologischen Wörterbuch, entstanden aus den althochdeutschen Wörtern für dienen und Mut: ‚Gesinnung eines Dienenden'

Ich meine, sie müssen selbst dahin kommen, daß sie erkennen, was sie erkennen müssen. Die wirksamste Voraussetzung dafür könnte sein, daß wir uns ihnen *entziehen*, nicht, daß wir ihnen unsere Argumente – so gut diese auch sein mögen – aufzwingen. *Der* Vorgang geht nämlich nicht ‚über Hirn', diese Erkenntnisse gewinnt man nur in bitterer Erfahrung, (genau das haben wir ja erlebt) – und das Alleingelassenwerden, das Entziehen der Infantilprivilegien (= das Privileg der Männer, daß immer irgendeine Frau für sie da ist und für sie sorgt) kann ihnen auf ihrem Erkenntnisweg weiterhelfen, ihnen überhaupt erst einmal eine erwachsene Startposition geben. Jeder Mann, der von sich aus zur Einsicht in das Zerstörerische, Lebensgefährliche aller patriarchalen Denk- und Handlungsweisen kommt und sich bewußt und kämpferisch anders verhält – willkommen! Doch einen/viele Störrische/n, Widerstrebende/n zu überreden versuchen? Bewußtseins-Hebammendienste leisten?

Wir müssen uns fragen: wieweit spielen bei diesen Samariterinnenbestrebungen auch unsere eigenen Machtwünsche (bisher die einzige Form von Macht, die uns gestattet ist) mit, wenn wir sie nicht loslassen, sie alleine ihren Weg suchen lassen können (genauso wie sie ihren Weg in die Gewalt ja allein gegangen sind, müssen sie auch den Weg aus dem Desaster heraus auf gleiche Weise finden), sie ihrem eigenen Bewußtseinsprozeß überlassen können? Bei diesem Prozeß der Einsicht müssen in ihnen notwendigerweise so massive Schuldgefühle erwachen, daß, würden wir hier wieder als Übermutter, als Glucke über ihnen kauern, machtlos und machtvoll zugleich, ihre einzige Reaktion eigentlich nur Haß, Feindschaft, Verstocktheit sein kann.

Vielen Frauen macht dies Loslassen zunächst einmal Angst – aber wovor eigentlich? Es heißt ja nicht nur Loslassen eines bestimmten Menschen, sondern vor allem: den Bezugspunkt des Lebens ändern. Nicht mehr der Mann/ein Mann oder die Männer in welcher Form auch immer / oder das männliche Denken würde, wie seit langer Zeit für Frauen (auch für ‚emanzipierte') üblich, im Zentrum weiblichen Lebens stehen. Die Veränderung des Bezugspunkts hat ungemein befreiende Wirkungen – viele Frauen haben es erlebt!

Die unendlich vielen kostbaren Energien, die Schwestern in den Versuch stecken, mit ihren durch feministisches Denken gewonnenen Erkenntnissen ein Exemplar umzuprogrammieren, sind anderswo – in der Arbeit an der Veränderung unseres öffentlichen Lebens beispielsweise – besser eingesetzt. Wieviel gebündelte Energie wir dort aufbringen, könnte zur Überlebensfrage werden!

Spieß umdrehen

„Aber Sie drehen doch nur den Spieß um. Früher haben die Männer die Frauen als das Unglück der Welt bezeichnet, heute sagen Sie, die Männer sind an allem schuld. Da machen Sie doch genau das, was Sie den Männern vorwerfen."

Da müssen wir nach den Motiven fragen, nämlich, warum das andere Geschlecht jeweils für ‚schlecht' erklärt wird. Beschränken wir uns auf die im Christentum existierende Frauenverachtung, die die frauenverachtende Grundlage der abendländischen Kultur darstellt. Eva (= die Frau) brachte nach christlicher Auffassung die Sünde und den Tod in die Welt, dafür sollte das ganze Geschlecht für alle Zeiten büßen. Die Frauenverachtung gründet auf einem Mythos, hinter dem natürlich die Angst vor weiblicher Fruchtbarkeit und Sexualität stand (und steht).

Frauen hingegen brauchen für ihre Anklage gegen das Patriarchat keinen althergeholten Mythos. Sie müssen nur den Zustand dieses Planeten ansehen und die Lebens- und Todesbedingungen ihrer Vorschwestern und Schwestern. Es ist höchste Zeit, daß wir dies tun.

Alte dunkle Stories und Psycho-Ängste: Frauen seien ‚von Natur aus' das Böse, seien ein ‚Irrtum der Natur' – wir sagen nichts dergleichen über die Männer. Da die männliche Form des Menschen sich im Verlaufe der Evolution entwickelt hat, können wir davon ausgehen, daß sie auch ihren Platz im biologischen Ordnungssystem dieses Planeten hat. „Er hat einen guten Platz, aber keinen besseren als wir" auf diese Kurzformel brachte es eine Freundin. Sein Platz ist jedoch bestimmt nicht der einer Krone der Schöpfung, der eines Wesens, dem alle anderen Wesen und Dinge untertan sein müssen, der mit allen anderen Wesen und Dingen machen darf, was er will. Sein Platz ist nicht der eines Wesens, dem der weibliche Teil seiner Spezies unterworfen und nachgeordnet ist.

Der männliche Platz in der Seinsordnung kann nur genauso in das Geflecht von Leben eingeordnet sein, wie alle andere Kreatur auch. Er ist nicht primus (Erster), auch nicht primus inter pares (Erster unter Gleichen). Solange er jedoch seinen ihm zukommenden Platz verlassen hat und raubend, brandschatzend, tötend, als Terrorist über diesen Planeten zieht, ist es unser Recht, unsere Pflicht, unsere vornehmste und allerwichtigste Aufgabe, dies in die Welt hinauszuschreien.

Nein, hier wird kein Spieß umgedreht. *Hier wird versucht, zerstörte Ordnung wiederherzustellen.* „Wir müssen dem Mann wieder seinen Platz in der Seinsordnung zuweisen", sagte kürzlich die Weise Frau Ursa.

„Aber die Männer denken doch auch um. Vieles, was Sie über Natur sagen, ist doch schon von den Grünen aufgenommen worden. Und es sind doch auch schon ein paar wichtige Bücher von Männern erschienen, die jene Grundlagen des abendländischen Denkens in Frage stellen."

Das würde ja auch alle Schrecken der Vergangenheit noch übertreffen, wenn selbst jetzt, wo die allgemeine Lebensgefährdung mit Händen zu greifen ist, sich nicht auch einige Männer mit den Folgen abendländischen Denkens auseinandersetzten. Doch ich höre heraus: ‚Laß doch deine dilettantischen Versuche, lies erstmal diese klugen Männer, schließ dich dem an, was dort entsteht.' Nun, abgesehen davon, daß ich solche Bücher gelesen habe (so müssen wir uns ja immer noch legitimieren), geht es mir doch gerade darum, zu zeigen, daß wir nicht *auch* so (alternativ) denken, sondern daß wir *anders* denken. Es geht mir um den Erkenntnis*vorgang*. Vielleicht kommen wir auf unserem Erkenntnisweg dann zu Ergebnissen, die, formuliert, dem ähneln, was jene Vorreiter unter den Männern (gemessen an feministischem Denken sind sie Nachbeter) schreiben. Doch sagt das lediglich etwas darüber aus, daß wir die gleiche Sprache benutzen (müssen).

Eine genaue inhaltliche und vor allem sprachliche Analyse dieser Texte zeigt, auf wie unterschiedliche Weise wir zu unseren jeweiligen Erkenntnissen kommen: Männer müssen sich dieser Frage vom vorliegenden Ergebnis der technologischen Zerstörung unserer Lebensgrundlagen her nähern, müssen gedanklich zurückverfolgen, wo das Unglück angefangen haben könnte (wobei sie, wie gesagt, die Brüche meist historisch viel zu spät ansetzen). *Wir* haben einen qualitativ völlig anderen Zugang zu der Situation: Wir haben die Erfahrung der Gewalt und Zerstörung gemeinsam mit unseren Vorschwestern am eigenen Leibe gemacht und machen sie noch, und unsere Aufgabe ist es, uns diese unsere existentielle Erfahrung auch wirklich – mit allen Schmerzen, die uns das bereitet – bewußt zu machen und in neues Denken und Handeln umzusetzen. Wir können uns ganz direkt mit allem unterdrückten „Anderen" (Beauvoir) identifizieren, und das müssen wir nutzen. *Dies ist unsere Stunde.*

Gerade sogenannte progressive, linke oder alternative Männer können oft schwer ertragen, wenn wir unsere existentielle – und das heißt eben massiv körperliche – Erfahrung zur Grundlage unserer Erkenntnis, unseres Denkens, und unserer Politik machen. *Sie haben eben nie Unterdrückung qua Biologie am eigenen Leibe erfahren müssen.* Sie leben in dem Bewußtsein, daß sie mit dem Satz „Alle Menschen sind gleich" (was einen Fortschritt gegenüber „Alle Menschen sind Brüder" darstellt), für ihr Leben politisch ernst gemacht haben, und können es schwer ertragen, daß über die Hälfte unserer Gesellschaft noch heute in einer historisch geschaffenen Situation der Ungleichheit lebt, die sie mit keiner ihrer politischen oder humanistischen Theorien „in den Griff bekommen" können, wie der beliebte Männerausdruck heißt. Das Problem sperrt sich, immer bleibt ein Rest. Kein Wunder, daß sie wütend werden! Sie sollten ihre patriarchalen Kategorien auf den Müll werfen und es mal mit neuen Denkansätzen versuchen.

In einer Diskussion mit Politologie-Studenten fiel mir der Vergleich ein: ich ging während der Nazi-Zeit noch zur Schule und war vom Elternhaus her nicht infiziert. Dennoch wurde ich bei meinen ersten Auslandsaufenthalten in den fünfziger Jahren von Altersgenossen aggressiv als Vertreterin der deutschen Nazi-Vergangenheit angesehen, sollte geradestehen für Dinge, mit denen ich nichts zu tun hatte. Mir wurde, trotz aller inneren Wut, klar, daß ich das historisch auf mich nehmen mußte. Ähnlich (nur weit tiefer in ihr Unbewußtes reichend) sehe ich die Situation von jungen Männern heute, die sagen: werft uns das nicht vor, wir haben damit nichts zu tun. Auch sie müßten erstmal die historische Schuld auf sich nehmen *und aushalten* (und dabei dem patriarchalen Denken in sich selbst nachspüren), sonst geht gar nichts.

Progressive, linke und alternative Männer verdrängen gern dieses Problem oder reagieren mit einer intellektuellen Machermentalität. (Nach dem Motto: also wir haben uns doch jetzt weiß Gott um wichtigeres zu kümmern. Weiß Göttin, nein!) Nur ein paar Beispiele:

Als Carl Amery noch regelmäßig Kommentare für das Umweltmagazin „natur" schrieb, die meiner Meinung nach zu dem Besten auf diesem Gebiet gehörten, sprach er einmal von den Brüchen im Weltbild der Neuzeit: „Bisher Ohnmächtiges oder weniger Mächtiges drängt mit Macht in die Strömung." Und er zählt auf: Dritte Welt, Widersprüche zwischen Produktions- und Konsumwelt, das Bewußtsein von den objektiven Gefahren unserer Lage. Von der weltweiten Neuen Frauenbewegung spricht er nicht.

Ivan Illich, radikaler Kritiker der westlichen Industriegesellschaft, der kluge Bücher zu den Herrschaftsmechanismen innerhalb dieses Systems und auch gegenüber der Dritten Welt geschrieben hat, leistete sich in seinem Buch „Genus" in Fragen des Geschlechterunterschieds unglaubliches. Amerikanische Wissenschaftlerinnen bereiteten sorgfältig ein Podium vor, bei dem sie Illich aus ihren diversen Fachgebieten widerlegten. Er hörte sich das zwar an, würdigte sie jedoch keiner Entgegnung und verließ wutschnaubend den Saal ...

Fritjof Capra wird als Verfechter eines neuen Denkens der Frauenbewegung noch am besten gerecht, das heißt, er erwähnt sie überhaupt und führt in seinem Stichwortverzeichnis sogar „feministische Spiritualität" auf. (Haben deshalb unsere Kulturpäpste inzwischen beschlossen, ihn als

Spinner einzustufen?) Doch auch sein Lob müßten wir noch mit feministischem Spürsinn genau durchleuchten. Bei Autoren wie Gregory Bateson oder Morris Berman suchen wir vergeblich Hinweise auf Frauenbewegung oder Feminismus. Ihre Kritik am abendländischen Denken enthält kein Wort über den Ausschluß der Frauen von diesem Denken; sie sprechen von Energien und Potentialen und sehen nicht, daß bis heute nur weniger als die Hälfte der geistigen Energien und Potentiale der abendländischen Gesellschaft genutzt wurden und werden.

Amüsant und typisch ist die Auseinandersetzung, die die Linguistin Luise Pusch mit dem ehemaligen Vorsitzenden des Deutschen Schriftstellerverbandes Dieter Lattmann hatte. Es ging um Mensch und Mann. Nach einer langen aufklärenden Epistel von Luise ließ Lattmann sie wissen, er sei „lieber ein Mensch, als nur Mann". Auch dieser „Progressive" hatte trotz aller pädagogischen Bemühungen einer renommierten Linguistin nicht begriffen, daß er als Mann ja bereits der Mensch per se, der Mensch an sich, ist, daß er die Alternative Mensch oder Mann also gar nicht hat.

Wir müssen wie die Heftelmacherinnen aufpassen, wo die neuen alternativen Gedanken sich nach wie vor im alten Fahrwasser von Technologiegläubigkeit (diesmal weiche) und Frauenfeindlichkeit bewegen beziehungsweise wo sie die Frauenfrage da, wo's konkret wird, nach wie vor ausgeblendet halten. Für den alternativen Journalismus weiß die *säzzerin* der *taz* dazu einiges zu sagen, über alternative Politik können die Frauen unter den grünen Abgeordneten ein Lied singen. Wir müssen aufpassen, den Finger drauf legen und dürfen uns nicht von schönen Reden oder Büchern vereinnahmen lassen.

Was nützt uns das?

„Aber was nützt uns das nun, wenn wir das alles durchschauen?"

Es kann uns so stärken,
– daß wir uns nicht mehr von patriarchalen Argumenten, wie sie uns täglich begegnen, beeindrucken lassen,
– daß wir uns trauen, den Mund aufzumachen,
– daß wir *nichts* unhinterfragt lassen,
– daß wir den geistigen Ballast, einmal durchschaut, abwerfen und mit

eigenem Denken anfangen,
– daß aus dem eigenen Denken Tun wird,
– daß wir bei unserer Arbeit und wo auch immer nicht frustriert verstummen, wenn *die* mal wieder so unendlich blöd daherreden, sondern eingreifen,
– daß wir ständig detektivisch wach sind und *uns das Spaß macht,*
– daß wir hartnäckig im Kleinen sind und immer hartnäckiger werden.

Mit Zukunftsutopien den Alltag bestehen kann ich nur (will ich mich nicht zur Traumwandlerin entwickeln), wenn ich mir die in diesem Alltag herrschenden patriarchalen Regeln und damit meine Situation bis ins Kleinste durchsichtig mache. Damit sind zwar die Strukturen noch nicht abgeschafft, doch für mich haben sie das Bedrohliche verloren. Ich werde auf diese Weise frei, an Veränderungen zu arbeiten, statt mich von der erdrückenden Wucht patriarchaler Greuel ins Abseits zu flüchten. Wenn ich die Unterdrückung, Benachteiligung, Gewalt, Vernachlässigung, Mißachtung oder was immer mir zustößt im großen Zusammenhang der Frauensituation sehen kann, trifft es nicht mehr mein Selbstgefühl als Person (die ich als Frau ja gar nicht sein soll, ginge es nach patriarchalen Wunschbildern), sondern es trifft mich als Schwester vieler Schwestern, denen das Gleiche zustößt.

„Frauen gemeinsam sind stark" lautete der Jubelruf in den frühen Tagen der Neuen Frauenbewegung. Wir sind heute stärker denn je und werden immer noch stärker, aber wir müssen es nicht mehr laut hinausschreien, weil wir es wissen.

Was sollen wir tun?

„Und was sollen wir tun?"

Jede das Ihre. (... und leben, solange es noch was zu leben gibt, sagte hier die Weise Frau Ursa ...)

Hinweise und Quellen:

zu: Weit hergeholt
Helke Sander: Über Beziehungen von Liebesverhältnissen und Mittelstreckenraketen. In: „Nicht friedlich und nicht still." Streitschriften von Frauen zu Krieg und Gewalt. Frauenbuchverlag München.

zu: Biologistisch?
Christa Reinig: „Der Wolf und die Witwen." Frauenoffensive München.
Rainer Knußmann: „Der Mann ein Fehlgriff der Natur?" Stern-Buch.
Ruth Bleier: „Science and Gender. A Critique of Biology and Its Theories on Women." The Athene Series, Pergamon Press, New York.

zu: Die Alternativen
Carl Amery: „Im ethischen Irrgarten." natur 9/1982
Ivan Illich: „Genus. Zu einer historischen Kritik der Gleichheit." Rowohlt 1982
Fritjof Capra: „Wendezeit. Bausteine für ein neues Weltbild." Scherz-Verlag 1983
Gregory Bateson: „Geist und Natur. Eine notwendige Einheit." Suhrkamp 1982
Morris Berman: „Wiederverzauberung der Welt. Am Ende des Newton'schen Zeitalters". Trikont 1983
Dieter Lattmann nach: Luise F. Pusch „Das Deutsche als Männersprache", edition Suhrkamp 1217, 1984

BÜCHER ZUM WEITERLESEN – eher zufällig, aber nicht ohne Sinn und Verstand ausgesucht

Heide Göttner-Abendroth: DIE GÖTTIN UND IHR HEROS. Die matriarchalen Religionen in Mythos, Märchen und Dichtung. Frauenoffensive, München

Heide Göttner-Abendroth: DIE TANZENDE GÖTTIN. Prinzipien einer matriarchalen Ästhetik. Frauenoffensive, München

Feministische Studien
Nr. 1: In den Brüchen der Zeit. November 1982
Nr. 2: Entwirrungen. Liebe aus der Sicht von Frauen. Mai 1983
Nr. 3: Die Radikalen in der alten Frauenbewegung. 1984
Verlag Beltz, Weilheim

Mary Daly: GYN/ÖKOLOGIE. Eine Metaethik des radikalen Feminismus. Frauenoffensive, München

Mary Daly: PURE LUST. Elemental Feminist Philosophy. Beacon Press, Boston

WOLLEN WIR IMMER NOCH ALLES? Dokumentation der 7. Sommeruniversität für Frauen. Selbstverlag

Carol Gilligan: DIE ANDERE STIMME. Lebenskonflikte und Moral der Frau. Piper-Verlag, München

Konkursbuch 12 – Zeitschrift für Vernunftkritik. FRAUENMACHT. Die Zukunft ist weiblich oder gar nicht. Konkursbuchverlag, Tübingen

Beiträge zur feministischen Theorie und Praxis.
Nr. 9/10: Zukunft der Frauenarbeit – Neue Verhältnisse in Technopatria
Nr. 11: Frauenforschung oder Feministische Forschung?
Hsg.: Sozialwissenschaftliche Forschung und Praxis für Frauen e.V., Selbstverlag, Köln

SCHLANGENBRUT. Streitschrift für feministisch und religiös interessierte Frauen. Vierteljährliche Nachrichten aus Paradies und Fegefeuer, Münster

Cheryl Benard/Edith Schlaffer: LIEBESGESCHICHTEN AUS DEM PATRIARCHAT. Von der übermäßigen Bereitschaft der Frauen, sich mit dem Vorhandenen zu arrangieren. Rowohlt, Reinbek

D'Eaubonne, Francoise: FEMINISMUS ODER TOD. Frauenoffensive, München

Marielouise Janssen-Jurreit: SEXISMUS. Über die Abtreibung der Frauenfrage. Fischer Taschenbuch 3704

Rich, Adrienne: VON FRAUEN GEBOREN. Mutterschaft als Erfahrung und Institution. Frauenoffensive München

Fester, Richard; König, Marie u. a.: WEIB UND MACHT. Fischer, Frankfurt

Friday, Nancy: WIE MEINE MUTTER. Goverts/Fischer, Frankfurt

Hammer, Signe: TÖCHTER UND MÜTTER – über die Schwierigkeiten einer Beziehung. Fischertaschenbuch 3705

Griffin, Susan: WOMAN AND NATURE, Harper & Row, New York

Barbara Ehrenreich/Deirdre English: ZUR KRANKHEIT GEZWUNGEN. Frauenoffensive, München

Barbara Ehrenreich/Deirdre English: HEXEN, HEBAMMEN UND KRANKENSCHWESTERN. Frauenoffensive, München

Monique Wittig: DIE VERSCHWÖRUNG DER BALKIS (Les Guerilleres), Frauenoffensive, München

Anja Meulenbelt: WEITER ALS DIE WUT. Frauenoffensive, München

Barbara Schaeffer-Hegel/Brigitte Wartmann (Hsg.): MYTHOS FRAU. Projektionen und Inszenierungen im Patriarchat. Publica, Berlin

Luise F. Pusch: DAS DEUTSCHE ALS MÄNNERSPRACHE. edition suhrkamp 1217

Luise F. Pusch (Hsg.): FEMINISMUS – INSPEKTION DER HERRENKULTUR. Ein Handbuch. edition suhrkamp 1192

Anke Wolf-Graaf: DIE VERBORGENE GESCHICHTE DER FRAUENARBEIT. Eine Bildchronik. Beltz-Verlag, Weinheim

Marija Gimbutas: THE GODDESSES AND GODS OF OLD EUROPE. Myths and Cult Images. University of California Press, Berkeley

Charlene Spretnak (Hsg.): THE POLITICS OF WOMEN's SPIRITUALITY. Anchor Press/Doubleday, Garden City/New York

Ti-Grace Atkinson: AMAZONEN ODYSEE. Frauenoffensive, München

Robin Morgan: ZU WEIT GEHEN. Tende-Verlag, Münster

Halina Bendkowski/Brigitte Weisshaupt (Hsg.): WAS PHILOSOPHINNEN DENKEN. Eine Dokumentation. Ammann-Verlag, Zürich

Robin Morgan: THE ANATOMY OF FREEDOM. Feminism, Physics and Global Politics. Anchor Press/Doubleday, Garden City/New York; erscheint Frühjahr 1985 in deutsch bei Frauenoffensive, München

Elizabeth Gould-Davis: AM ANFANG WAR DIE FRAU. Frauenoffensive, München

Barbara Starrett: ICH TRÄUME WEIBLICH. Frauenoffensive, München

Carol Hagemann-White: FRAUENBEWEGUNG UND PSYCHOANALYSE. Stroemfeld/Roter Stern, Frankfurt